闽系海军发展研究

Research on the Development of Fujian Navy

程玉祥 李有福 / 著

目　录

第一章　绪论 …… **001**
第一节　研究缘起 …… 003
第二节　研究现状 …… 004
第三节　本书拟解决问题 …… 013
第四节　研究资料 …… 014
第五节　本书结构 …… 015

第二章　闽系海军的形成 …… **017**
第一节　闽系海军的源头 …… 019
第二节　闽系海军的发展 …… 024
第三节　结语 …… 028

第三章　北伐期间闽系海军的易帜 …… **031**
第一节　冲击与倒戈 …… 034
第二节　易帜过程 …… 037
第三节　北伐功绩 …… 046
第四节　结语 …… 053

第四章　闽系统一海军的尝试（1928—1936） …… **057**
第一节　海军设部之争 …… 059

第二节　统一东北海军、广东海军的尝试 …… 065
第三节　电雷学校：闽系统一海军的新障碍 …… 076
第四节　统一海军教育未果 …… 079
第五节　结语 …… 083

第五章　“圻琛北归”事件与国民政府海军中央化 …… 085
第一节　海军中央化方案的提出 …… 088
第二节　圻琛两舰入港与北归请求 …… 089
第三节　海军部派舰接收及其中央身份不被认可之困境 …… 097
第四节　军委会派员接收与善后处置 …… 105
第五节　结语 …… 111

第六章　抗战胜利后的海军重建 …… 113
第一节　抗战胜利前国民政府对海军的整合 …… 115
第二节　战后新海军重建的内政与人事处置 …… 120
第三节　美国援助与“建设永久独立自给之海军” …… 131
第四节　结语 …… 144

参考文献 …… 145

附录一：海军部组织法 …… 161
附录二：《蒋中正档案·事略稿本》勘误一则 …… 177

后记 …… 186

第一章 绪论

第一节　研究缘起

蔡元培在《明清史料序言》中言“史学本身是史料学”，傅斯年在《史学方法导论中》更是直言“史学便是史料学”。可见，史料之于史学的重要地位。军事史作为历史学重要的组成部分，对其研究同样“依赖于对军事档案资料的发掘”①。笔者曾求学于南京大学中华民国史研究中心，地缘之便经常查档于中国第二历史档案馆。在查阅诸多民国军事史尤其是在接触大量海军档案史料之后，笔者逐渐对闽系海军产生浓厚的研究兴趣。

闽系海军是指由地缘（福建）和学缘（福州船政学堂）为纽带而组成的海军军人群体即军事-政治集团。其发端于福州船政局和福州船政学堂，在晚清政府重建海军之际，闽系海军群体开始执掌海军部门要职，成为支配海军的重要政治力量。民国时期，闽系海军继续担任海军部门重要的职位，成为中央政府和各地方实力派争取和拉拢之对象，在北洋政府与南京国民政府统治时期都发挥着重要政治和军事作用。学者刘传标在《闽系海军的兴衰及功过》一文中提到，“从清季到民国，自刘步蟾、萨镇冰到陈绍宽，历任海军提督、都统、海军大臣、海军总长、总司令、舰队司令、海军学校校长、重要舰艇正副舰长、轮机长几乎为闽系人物揽括。”②学者潘亮在《闽系海军兴衰录》一文中也有同样的论述，“从清末沿袭至民国时期，始终未变，闽籍人士渐集渐众，闽系海军根深叶茂，他们控制了海军各级权力，以厦门、福州作为活动中心。至1932年，由官方公布的统计数字可以看出闽系海军的势力：以军官为例，闽

① 苏小东、李钟超：《浅谈海军史研究与军事档案的利用》，《军事历史研究》2010年增刊页。

② 刘传标：《闽系海军的兴衰及功过》，《福建论坛》1994年第2期。

籍占710名，江苏50名，浙江20名，广东19名。”[1]不难看出，闽系海军是近代中国海军的重要组成部分，构成了近代中国海军的主体，主导着近代中国海军的发展历程。

那么闽系海军群体在晚清政府、北洋政府、南京国民政府相继执政的过程中，是如何适应生存与发展的？在政权更替之际，闽系海军态度是强硬还是妥协？如何在和与战、胜与败乃至存与亡之间作出抉择？闽系海军如何在派系林立的民国政府中立于不败之地，始终掌管着海军势力？闽系海军在一些重要关头、重大历史事件中是如何应对和处理的？以及影响和制约这些决策的因素有哪些？诸如这些问题都值得我们思考，都有待我们进一步深入研究。这些饶有兴趣的问题，正是笔者选择这一课题进行研究的重要原因。

第二节　研究现状

关于中国海军史的研究以时间划分可以分为三大部分：晚清海军研究、民国海军研究、中华人民共和国海军研究。笔者曾检索中国知网[2]，以“中国海军”为主题词搜索，文章3296篇；以“北洋海军”为主题词搜索，文章2018篇；以“民国海军”为主题词搜索，文章105篇；以“闽系海军”为主题词搜索，文章30篇；以“人民海军”为主题词搜索，文章1395篇。简单的搜索可以勾勒出海军史研究的研究侧重点。笔者在浏览搜索目录也发现，总体而言，中国海军史的研究多偏重于晚清和中华人民共和国阶段，而在民国时期相对研究力度不深，研究成果数量也不多。但近年来随着国家对海洋权益关注度不断增加，海军建设成为热点讨论话题，加之相关民国海军史档案资料的发掘、整理和出版，民国海军研究逐渐备受学界关注，研究成果也在与日

① 潘亮：《闽系海军兴衰录》，《炎黄纵横》2009年第10期。

② 笔者于2021年2月15日于中国知网搜索，链接为https://kns.cnki.net/kns8/defaultresult/index。

俱增。

在这里，笔者就涉及与闽系海军相关的研究成果，简单梳理和介绍如下：

一、资料汇编类

20 世纪 50—60 年代，由于此前大批海军档案被国民党带到台湾地区，大陆留存的海军抗战档案极为有限，相关研究停滞不前。20 世纪 60 年代，随着各地《文史资料选辑》的出版，大量民国海军亲历者的回忆文章问世，为研究者提供了较为可信的史料，民国海军史研究开始起步，但仍处于薄弱阶段。改革开放后，尤其是 1986 年杨志本主编的《中华民国海军史料》[①]的出版，使得民国海军史研究薄弱的状况开始有所改观。《中华民国海军史料》除收录回忆性文章外，还收录中国第二历史档案馆收藏的大量有关海军的原始档案。1987 年中国第二历史档案馆汇编出版的《抗日战争正面战场》[②]汇集了抗日战争时期中国海军作战的相关重要史料，对研究抗战时期海军的备战、作战情况意义重大。其后中国第二历史档案馆相继出版《中华民国史档案资料汇编》[③]，其中的军事篇更是汇集了民国期间的各个阶段（南京临时政府、北洋政府、广州国民政府、武汉国民政府、南京国民政府）重要的军事档案资料，是研究民国海军史重要的一手史料。殷梦霞、李强选编《国家图书馆藏民国军事档案文献初编（全十二册）》[④]，分类汇编了海军门档案（军务类、军衡类、军需类、总务类、军学类）各卷宗，海军职员录、编制表、官兵薪饷等，海军部年报、工作报告，军事委员会海军整编计划、海军事记等，对研究民国海军的筹建和发展史料价值意义重大。马骏杰、吴峰敏、张小龙编《民国报刊载海军史料汇编》[⑤]，收录了民国部分报刊刊载的有关海军问题的新闻、报道、通讯、评论等史料，为研究者理解民国时期海军提供新的视角和参照。姜鸣编著的

---

① 杨志本主编：《中华民国海军史料》，海洋出版社 1987 年版。

② 中国第二历史档案馆编：《抗日战争正面战场》，江苏古籍出版社 1987 年版。

③ 中国第二历史档案馆编：《中华民国史档案资料汇编》，江苏古籍出版社 1991 年版。

④ 殷梦霞、李强选编：《国家图书馆藏民国军事档案文献初编（全十二册）》，国家图书馆出版社 2009 年版。

⑤ 马骏杰、吴峰敏、张小龙：《民国报刊载海军史料汇编》，山东画报出版社 2020 年版。

《中国近代海军史事编年》[①]，该史料集以编年体的形式，收录了有关近代海军的档案文献、奏稿、函札、日记、报刊及老照片等，对近代中国的对外海军作战有着详细过程介绍，全面展现了晚清政府对于海防、海军和军队现代化的战略思考和具体实施。此外，苏小东编写的《中华民国海军史事日志》[②]、刘怡编写的《中华民国海军舰船名录》[③]、刘传标编写的《中国近代海军职官表》[④]等工具书，也为研究者提供查阅上的便利。

此外，台湾地区学界在资料汇编方面也是耕耘不辍。1962 年，由“史政局”出版的《抗日战史》[⑤]，是具有代表性的军事史丛书，其中也较多涉及战时海军作战的详细情况。1965 年，台湾地区“海军总司令部”将对海军耆宿及退休将校的回忆文章、口述专访等集结成《中国海军之缔造与发展》[⑥]一书，为后人研究中国海军提供了丰富的原始素材。秦孝仪主编的《中华民国重要史料初编——对日抗战时期》[⑦]，收录了国民政府对日战争经过及高层战略判断的相关函电和档案，是抗战海军史研究的重要史料。2015 年，台湾地区“海军司令部”出版的《海军抗战期间作战经过汇编》[⑧]，其中收录的海军主战舰复原图、江阴要塞图、舰艇作战报告等，为战时海军与日作战研究提供扎实的史料基础。此外，秦孝仪主编的《蒋公大事长编初稿》[⑨]、“国史馆”编印的《蒋中正档案：事略稿本》[⑩]和《蒋中正先生年谱长编》[⑪]的相继出版，与蒋介石相关的函电、文稿、日记摘抄、公文、相关报告等档案公之于众，对于研究国民政府高层官员的战略谋划和军事决策意义重大，也为研究蒋介石本人的海军发展战略及与海军高级将领的关系，提供了可靠的史料支撑。

① 姜鸣：《中国近代海军史事编年(1860—1911)》，生活·读书·新知三联书店 2017 年版。

② 苏小东：《中华民国海军史事日志》，九州出版社 1999 年版。

③ 刘怡：《中华民国海军舰船名录》，内蒙古人民出版社 2011 年版。

④ 刘传标：《中国近代海军职官表》，福建人民出版社 2005 年版。

⑤ 参见刘维开《〈抗日战史〉的前世今身》，《抗日战争研究》2018 年第 3 期。

⑥ 中国海军之缔造与发展专刊编辑委员会：《中国海军之缔造与发展》，(台北)“海军总司令部”，1965 年。

⑦ 秦孝仪主编：《中华民国档案史料汇编——对日抗战时期》，(台北)“中央”文物供应社，1981 年。

⑧ 参见袁成毅：《中国抗日战争军事史史料整理与利用》，《社会科学战线》2020 年第 7 期。

⑨ 秦孝仪主编：《蒋公大事长编初稿》，(台北)中国国民党党史委员会，1978 年。

⑩ 《蒋中正档案：事略稿本》(1927—1949)，1—82 卷，(台北)“国史馆”，2003—2013 年。

⑪ 吕芳上主编：《蒋中正先生年谱长编》，(台北)“国史馆”，2014 年。

二、相关著作

1989年,高晓星、时平编著的《民国海军的兴衰》[①]问世,是为大陆学界第一部专门记述中华民国海军的著作,较为完整地呈现了民国海军的发展概况,填补了国内海军史上的一项空白。此后吴杰章、苏小东等编著的《中国近代海军史》[②],陈书麟、陈贞寿编著的《中华民国海军通史》[③],海军司令部编辑的《近代中国海军》[④],左立平著《中国海军史》(晚清民国卷)[⑤],陈贞寿著《图说中国海军史》[⑥]等书相继出版,近代中国海军史研究初具规模。此后,马骏杰著《中国海军长江抗战纪实》[⑦],是大陆学界出现第一本专门研究海军抗战史的专著,该书聚焦于以江阴阻塞战、长江布雷为主要内容的长江抗战,挖掘其历史意义,检讨其得失。姜鸣著《龙旗飘扬的舰队——中国近代海军兴衰史》[⑧]一书,详细记录和剖析了中国近代海军在晚清50年间创建、发展及其衰落的曲折历史。此外,张海鹏主编的《中国近代通史》[⑨],张宪文、陈谦平等著的《中华民国史》[⑩],步平、王建朗主编的《中国抗日战争史》[⑪]等通史类专著中,也有关于中国海军在甲午海战、抗日战争等重大历史事件的相关叙述和评价。

台湾地区学界近代中国海军史专著较早,1970年,曾在台湾地区"海军总司令部"新闻处服役的包遵彭撰写了《中国海军史》(上、下)[⑫],设有专节论述抗战时期的海军作战。1986年,台湾地区"海军总司令部"有感于"珍贵档案大都散失,致使海军在抗战史上留下一片空白",依照台湾地区制订的"国民革命军战役史"实施计划,由办公室史政组成立专案小组,负责编撰海军抗日

① 高晓星、时平:《民国海军的兴衰》,中国文史出版社1989年版。

② 吴杰章、苏小东编著:《中国近代海军史》,解放军出版社1989年版。

③ 陈书麟、陈贞寿编著:《中华民国海军通史》,海潮出版社1993年版。

④ 海军司令部《近代中国海军》编辑部:《近代中国海军》,海潮出版社1994年版。

⑤ 左立平:《中国海军史(晚清民国卷)》,华中科技大学出版社2000年版。

⑥ 陈贞寿:《图说中国海军史》福建教育出版社2002年版。

⑦ 马骏杰:《中国海军长江抗战纪实》,山东画报出版社2013年版。

⑧ 姜鸣:《龙旗飘扬的舰队——中国近代海军兴衰史》,生活·读书·新知三联书店2014年版。

⑨ 张海鹏主编:《中国近代通史》(1—10卷),凤凰出版传媒集团2013年版。

⑩ 张宪文等著:《中华民国史》(1—4卷),南京大学出版社2012年版。

⑪ 步平、王建朗主编:《中国抗日战争史》(1—8卷),社会科学文献出版社2019年版。

⑫ 包遵彭:《中国海军史》(上、下),中华丛书编审委员会,1970年。

战史。1994 年,《海军抗日战史》[1]正式出版,该书共分上下两册,是迄今为止唯一一部全面研究海军抗战史专著。与之前著作仅关注海军战斗经过相比,该书系统论述了抗战前后海军的相关史实,如战前中日海军战力比较,战时海军教育与训练、海军陆战队,战后海军重建、接收日舰等。该书的另一大特点是将搜集到的档案、照片按章节体系分门别类附列于小节后,其史料价值巨大。近年来,台湾地区学界鲜见专门研究海军史的著作,其中刘芳瑜著《海军与台湾沉船打捞事业(1945—1972)》[2]、金智撰写的《青天白日旗下民国海军的波涛起伏(1912—1945)》[3]代表了台湾地区学界研究的新趋向,前者以沉船打捞事业为研究课题开辟了海军史研究的新面向,后者第三章专门讨论了抗战时期的中央海军。

三、学术期刊

大陆关于闽系海军的直接研究,除上述近代海军通史著作中有所体现外,亦有相关学术论文。宏观研究而言,如韩真《民国海军的派系及其形成》一文,探讨了民国海军派系的渊源、形成的过程及抗战前民国海军的状况,其中论述了北伐期间闽系海军易帜、南京国民政府海军部设立等史实[4]。刘传标《闽系海军的兴衰及功过》一文,概述了从闽系海军的起源到消亡的整个过程,并评价了闽系海军的历史地位与作用[5]。潘亮《闽系海军兴衰录》一文,同样是叙述了闽系海军的起源、发展、衰亡等过程[6]。高熔《闽系海军的形成和发展》一文,主要讨论甲午战后、辛亥革命时期、袁世凯时期的闽系海军的发展状况[7]。微观研究则取闽系一段历史时期或一个历史事件,尝试深入研究,如韩真著《二、三十年代闽系海军对福建沿海地区的武力割据》[8],剑成、郭天

---

① 柳永琦编著:《海军抗日战史》,(台北)"海军总司令部",1994 年。
② 刘芳瑜:《海军与台湾沉船打捞事业(1945—1972)》,(台北)"国史馆"2011 年刊行。
③ 金智:《青天白日旗下民国海军的波涛起伏(1912—1945)》,独立作家,2015 年。
④ 韩真著:《民国海军的派系及其形成》,《军事历史研究》1992 年第 1 期。
⑤ 刘传标著:《闽系海军的兴衰及功过》,《福建论坛(人文社会科学版)》1994 年第 4 期。
⑥ 潘亮:《闽系海军兴衰录》,《炎黄纵横》2009 年第 10 期。
⑦ 高熔:《闽系海军的形成和发展》,《闽都文化》2021 年第 1 期。
⑧ 韩真:《二、三十年代闽系海军对福建沿海地区的武力割据》,《党史研究与教学》1993 年第 3 期。

合著《抗战时期闽系海军发动的振兴运动与〈海军整建〉、〈海军建设〉》[①]。同时，一些论述近代海军群体、海军留学生、海军建设、海军抗战等的专题论文，其中也涉及闽系海军。如李洪英《近代海军群体研究》[②]、湛峰《南京国民政府时期的海军留学生》[③]、陆坤鹏《从〈海军公报〉看南京国民政府时期的海军建设(1929—1937)》[④]、高晓星《南京政府统一全国海军及其军事行动》[⑤]、仲华《1931—1937年间国民政府海军建设述论》[⑥]、黄山松《抗战期间民国海军的整合》[⑦]、马骏杰《一·二八事变中的中国海军》[⑧]、苏小东《一·二八淞沪抗战后的声讨海军风波》[⑨]、《抗日战争中中国海军的战略战术》[⑩]、高晓星《中国海军对日抗战和受降述评》[⑪]等。

近年来随着相关档案及已刊资料集、报刊、日记、回忆录等相继出版，关于近代海军史的研究有了进一步的深入研究，其中贺怀锴研究成果较为突出。代表论文有《抗战时期长江流域国民政府海军敌后游击战》[⑫]《符号与象征：晚清民国海军军旗研究》[⑬]、《傀儡之军：汪伪政府海军述论(1940—1945)》[⑭]《美英援助与战后国民政府海军重建》[⑮]《海军易帜与北伐时局》[⑯]等。其中《抗战时期长江流域国民政府海军敌后游击战》一文，主要围绕抗战期间海军长江布雷游击队的战绩展开论述，指出国民政府海军敌后游击战一定程度上牵制、消耗了日本海军力量，破坏了日军长江水道交通，配合了陆军作

① 剑成、郭天：《抗战时期闽系海军发动的振兴运动与〈海军整建〉、〈海军建设〉》，《党史资料与研究》1987年第3期。
② 李洪英：《近代海军群体研究》，吉林大学硕士论文，2009年。
③ 湛峰：《南京国民政府时期的海军留学生》，南京大学硕士论文，2011年。
④ 陆坤鹏：《从〈海军公报〉看南京国民政府时期的海军建设(1929—1937)》，东北财经大学硕士论文，2017年。
⑤ 高晓星：《南京政府统一全国海军及其军事行动》《军事历史研究》1993年第4期。
⑥ 仲华：《1931—1937年间国民政府海军建设述论》，《南京政治学院学报》2004年第5期。
⑦ 黄山松：《抗战期间民国海军的整合》，《中共浙江省委党校学报》2006年第6期。
⑧ 马骏杰：《一·二八事变中的中国海军》，《抗日战争研究》2003年第1期。
⑨ 苏小东：《一·二八淞沪抗战后的声讨海军风波》，《军事历史研究》2008年第3期。
⑩ 苏小东：《抗日战争中中国海军的战略战术》，《抗日战争研究》1996年第1期。
⑪ 高晓星：《中国海军对日抗战和受降述评》，《民国档案》1999年第1期。
⑫ 贺怀锴：《抗战时期长江流域国民政府海军敌后游击战》，《近代史研究》2020年第3期。
⑬ 贺怀锴：《符号与象征：晚清民国海军军旗研究》，《中国国家博物馆馆刊》2018年第5期。
⑭ 贺怀锴：《傀儡之军：汪伪政府海军述论(1940—1945)》，《民国档案》2019年第1期。
⑮ 贺怀锴：《美英援助与战后国民政府海军重建》，《历史教学》(下半月刊)2018年第11期。
⑯ 贺怀锴：《海军易帜与北伐时局》，《中国海洋大学学报》2017年第6期。

战，推动了战争胜利的进程。《海军易帜与北伐时局》一文，对北伐的海军易帜、易帜后的海军参战与建制、易帜原因和影响作出了详细叙述和分析。

台湾地区学界主要依据“史政编译局”“台北国史馆”的“国军档案”、国民政府档案等大量极为关键的民国海军原始档案史料及汇编，对闽系海军的研究较为深入。其中“中研院”近代史研究所张力研究员最具代表性，张力偏重于研究南京国民政府时期的民国海军，从海军内部派系、中央与地方关系、中日关系、欧美外援等多角度深入探讨民国海军的统一、发展问题。代表论文有《南京国民政府时期的留英海军生员（1928—1937）》[①]《以敌为师：日本与中国海军建设 1928—1937》[②]《中国海军的整合和外援》[③]《从“四海”到“一家”：国民政府统一海军的再尝试，1937—1948》《航向中央：闽系海军的发展与蜕变》《1940 年代英美海军援华之再探》[④]。其中《从“四海”到“一家”：国民政府统一海军的再尝试，1937—1948》一文，主要探讨了抗战后军委会统一与重建民国海军的努力与实现；《航向中央：闽系海军的发展与蜕变》一文，则探讨了整个闽系海军的形成、发展过程，侧重研究抗战后闽系海军的蜕变过程。

四、相关人物研究

闽系海军的发展和壮大其中最主要的原因是依托于闽系海军高级将领，如前期的刘步蟾、林泰曾、萨镇冰、刘冠雄、李鼎新、林葆怿、饶怀文、蓝建枢、黄钟英，后期的蒋拯、杜锡圭、曾以鼎、林建章、林用谟、杨树庄、陈绍宽、陈季良等人。因此，关于闽系海军将领人物研究亦是海军史研究的重要方面。大体而言，学界关于闽系海军将领人物的研究成果不是很多，且主要是史实叙

---

① 张力：《南京国民政府时期的留英海军生员（1928—1937）》，载丁新豹、周佳荣、黄嫣梨编《近代中国留学生论文集》，香港历史博物馆 2006 年 3 月刊行。

② 张力：《以敌为师：日本与中国海军建设 1928—1937》，载黄自进编《蒋中正与近代中日关系》，（台北）稻香出版社 2006 年版。

③ 张力：《中国海军的整合和外援》，《国父建党革命一百周年学术论文集》（第二册），（台北）近代中国出版社 1995 年版。

④ 张力：《从“四海”到“一家”：国民政府统一海军的再尝试，1937—1948》，《“中研院”近代史研究所集刊》，1996 年第 26 期；《航向中央：闽系海军的发展与蜕变》，《中华民国史专题论文集第五届讨论会》，（台北）“国史馆”2000 年刊行；《1940 年代英美海军援华之再探》，收于李金强、麦劲生、刘义章合编《中国近代海防史国际学术研讨会论文集》，香港中国近代史学会 1999 年刊行。

述为主，如刘步蟾、林泰曾、萨镇冰等人物[①]。而刘冠雄[②]、陈绍宽[③]等人因职位重要，分别担任北洋政府和南京国民政府海军总司令，因此，学界对于此二人研究较为具体和深入。

学界关于刘冠雄的研究，在宏观层面的概括有：陈贞寿，刘传标所著《刘冠雄评略》[④]、章慕荣所著《民国第一位海军上将刘冠雄》[⑤]、黄明所著《民国年间的海军总长刘冠雄》[⑥]、方百年所著《海军宿将刘冠雄》[⑦]，上述文章主要是从叙事角度出发，介绍刘冠雄的出生、求学经历、任职过程及面对重大历史事件(如甲午海战、辛亥革命、袁世凯称帝等)时的自我抉择。微观层面相关问题探讨主要是邓同莉所著《民初海军部研究(1912 年—1919 年)——以海军总长刘冠雄为中心》[⑧]，文章依据《政府公报》《申报》《中华民国海军史料》及同时代人的著作、回忆录等文献资料，以海军总长刘冠雄为视角，考察民国初年的海军发展状况，对民初海军部的设置状况，刘冠雄的成才之路和他在任海军总长期间的作为等方面进行研究。

学界关于陈绍宽的研究起步较早，成果较丰。陈书麟所著《陈绍宽与中国近代海军》[⑨]一书，系统叙述了陈绍宽的出身情况、求学过程、任职履历、生

---

① 笔者在中国知网检索闽系海军将领相关人物的研究，发现大多数文章是史实事件的阐述，相关问题的讨论较少。简要列举如下：朱小平：《“既生瑜　何生亮?”——刘步蟾与林泰曾》，《海内与海外》2016 年第 3 期；苏少壬：《刘步蟾：坚辞拒降，沉舰自杀》，《福建人》2016 年第 7 期；马骏杰：《被误解的英雄——北洋海军管带刘步蟾的真实形象还原》，《月读》2015 年第 9 期；孙建军：《被安错位置的林泰曾》，《大连近代史研究》2018 年第 15 期；蒹葭：《林泰曾的最后时刻》，《闽都文化》2020 年第 6 期；陈萍：《甲午海战中的林泰曾》，《福建史志》2016 年第 5 期；钟兆云：《“模范军人”萨镇冰》，《政协天地》2021 年第 1 期；刘永加：《萨镇冰几则往事》，《炎黄纵横》2019 年第 5 期；钟兆云：《海军耆宿萨镇冰》，《百年潮》2018 年第 9 期；关伟：《萨镇冰据日岛抗日之民族精神》，《大连近代史研究》2012 年第 5 期；傅国涌：《萨镇冰出走与清朝落幕》，《领导文萃》2011 年第 5 期。

② 刘冠雄(1861—1927)，字敦诚，号资颖，福建闽县人，1875 年考入福州船政学堂，毕业后成为北洋海军军官。1912 年出任南京临时政府海军部顾问。北洋政府时期被授予海军上将军衔，历任海军总长、福建省都督、福建镇抚使、闽粤海疆防御使等要职。

③ 陈绍宽(1889—1969)，字厚甫，福建闽县人，曾任中华民国海军部部长、海军总司令，国民革命军陆军、海军一级上将。

④ 陈贞寿，刘传标：《刘冠雄评略》，《福建论坛》(文史哲版)1996 年第 4 期。

⑤ 章慕荣：《民国第一位海军上将刘冠雄》，《文史天地》2013 年第 9 期。

⑥ 黄明：《民国年间的海军总长刘冠雄》，《团结报》2021 年 1 月 14 日。

⑦ 方百年：《海军宿将刘冠雄》，《闽都文化》2021 年第 1 期。

⑧ 邓同莉：《民初海军部研究(1912 年—1919 年)——以海军总长刘冠雄为中心》，陕西师范大学硕士论文，2010 年。

⑨ 陈书麟：《陈绍宽与中国近代海军》，海洋出版社 1989 年版。

平事迹、海防思想等。高晓星编《陈绍宽文集》[①]的出版，该文集收录了1919—1945年陈绍宽的论文、信函、电报、演讲词并附陈绍宽年谱，资料较为丰富翔实，比较全面地反映了陈绍宽在海军事业的人生历程，为研究民国军事史尤其是陈绍宽本人提供了珍贵的史料。其后与陈绍宽相关专题研究成果不断，分别就陈绍宽在海军部表现、陈绍宽与蒋介石关系、陈绍宽海防思想、陈绍宽海军人才建设思想等方面作出论述。[②] 其中关于陈绍宽的海防思想和任职海军部期间的建树，就有两篇硕士毕业论文专门研究。戴海龙《论陈绍宽与民国海军——以任职海军部作为考察中心》[③]一文，探讨陈绍宽任职南京国民政府海军部期间的种种举措，分析陈任职海军部期间关于海军部规章制度建设、海军经费的筹集与支出、海军人才的培养等诸多方面的措施和贡献，并对陈本人关于海军建设的影响和作用做出评判。路曼《陈绍宽海防思想研究》[④]一文，对陈绍宽海防思想产生的背景、发展历程及特点、海防思想的评价和历史意义作出分析，指出陈绍宽的海防思想理论价值较高，对当代海军建设与海防建设具有重要意义。此外，台湾地区学者张力也对陈绍宽颇有研究，其《陈绍宽与民国海军》[⑤]一文，论述了陈绍宽的海军事业，并对其执掌海军部期间的举措作出评价。

综观以上关于闽系海军的学术史回顾，尽管两岸关于闽系海军的研究起步较早，且在海军档案搜集与整理，史实的叙述与分析取得了较为显著的成绩，出现了一些有分量的著述，也有不少成果。但客观而言，仍存在以下几个问题：

第一，研究者对已公开档案与外文史料的运用远远不够。近年来随着两岸档案馆馆藏海军史料陆续开放，大陆方面，2014年至今，中国第二历史档案

---

① 高晓星编：《陈绍宽文集》，海潮出版社1994年版。

② 简要列举如下：韩真：《陈绍宽与国民政府海军部》，《漳州师范学院学报》2002年第4期；马骏杰：《海军将领陈绍宽与蒋介石的恩恩怨怨》，《文史春秋》2002年第6期；曹敏华：《陈绍宽海防思想简论》，《福建论坛》2003年第5期；潘前之：《陈绍宽海防思想论析》，《军事历史研究》2007年第6期；周立波：《陈绍宽赴英留学期间的重要报告》，《炎黄纵横》2010年第3期；何静、周德华、冷旭：《陈绍宽海军人才建设思想浅析》，《黑龙江史志》2011年第3期；赵书刚：《抗战时期陈绍宽的海权理论与实践》，《郑州大学学报(哲学社会科学版)》2015年第4期。

③ 戴海龙：《论陈绍宽与民国海军——以任职海军部作为考察中心》，华中师范大学硕士毕业论文，2014年。

④ 路曼：《陈绍宽海防思想研究》，黑龙江大学硕士毕业论文，2014年。

⑤ 张力：《陈绍宽与民国海军》，《史学的传承：蒋永敬教授八秩荣庆论文集》，(台北)近代中国出版社2001年版。

馆先后开放完成数位化的“国防部史政局及战史编纂委员会”(全宗号 787)、“海军部及海军总司令部”(全宗号 790)两个全宗;台湾地区方面库藏的海军史料远较大陆丰富,主要典藏机构有“档案管理局”“国史馆”和“中研院”近代史研究所档案馆。目前除“档案管理局”限制大陆及港、澳地区人士阅览外,其余均可申请调阅。“国史馆”馆藏海军史档案主要在“蒋中正文物档案”、国民政府档案及国防部军事情报局档案等几个全宗,“中研院”近代史研究所档案馆侧重于太平洋战争爆发后涉及中美海军合作的外交档案。

第二,研究深度不足,多学科交叉研究方法不够。就现有的海军史料而言,由于当时派系成见至深,史料本身存在大量互相矛盾的记载,因此,借助于实证研究的治学方法,爬梳史料,考订相关史实,仍是海军史研究的基础工作,这一点毋庸置疑。但是随着相关史实的逐渐清晰,以实证研究为基础,适当运用其他学科如军事学、社会学、教育学以及统计学的研究方法,对深化海军史研究就显得尤为必要。

第三节　本书拟解决问题

闽系海军的发展,尤其是一些重要的发展阶段(抗战时期),其实并非是一个无人涉及的研究领域,相反,在有些问题的研究成果还较为丰富。笔者研究的主观想法是尽量绕开前人已经较为充分的部分,在其中寻一些薄弱环节、找一些新的史料、挖掘一点新的问题,提出一些新的想法。出于这种考虑,关于闽系海军发展的情况,笔者没有面面俱到,而是选取一些关键阶段,对一些个案作深入的考察,探讨闽系海军发展的一些侧面,论述其发展脉络、结果和影响。基于此,本书主要围绕闽系海军发展的五大阶段:闽系海军的形成、北伐期间的抉择、统一海军的尝试、国民政府海军中央化的趋势、战后海军的重建,对闽系海军群体在晚清政府、北洋政府、南京国民政府执政的过程中的适应生存与发展作出论述,就闽系海军在政权更替之际的抉择作出评判以及闽系海军在一些重要关头、重大历史事件中的因应、影响和相关措施作出思考。

本书拟从以下方面取得一些进展:

第一，充分搜集两岸相关档案，从考证归附条件出发，详细论证闽系海军基于什么原因归附于国民革命军，闽系海军与南京国民政府谈判过程如何，易帜条件是什么。

第二，以海军军政权的控制为视角，重新解读闽系在统一海军的尝试中，作了哪些努力，有哪些部署，又有哪些互动和博弈。

第三，指出南京国民政府内部存在着海军部和军委会两股要求统一海军的势力，并详细论证了两股势力的两种统一方案及其具体实施过程，探讨1935年发生的“黄埔事件”，军委会如何以成功接收两舰为契机，将全国海军政令划归其下办理，成为国民政府海军中央化的主导机构，开启了全新海军中央化路径。

第四，全面抗战爆发后，中国海军舰艇在江阴海战中几乎损失殆尽，遭遇自清末海军重建以来最严重的打击。战后国民政府如何重建海军，重建过程怎样，有哪些内外因素，等等，诸如此类都是本书拟解决的问题。

第四节　研究资料

本书属于民国军事史研究，中国第二历史档案馆和台湾地区“国史馆”的大量原始资料，为本书撰写奠定了坚实的史料基础。就档案资料而言，笔者主要查阅了中国第二历史档案馆馆藏海军史料，如海军统一计划、国防计划海军部分等。已出版的档案资料有《中华民国史档案资料汇编》[①]《国家图书馆藏民国军事档案文献初编》[②]。另外笔者也利用在台湾地区交流学习中，搜集了台湾地区“史政编译局”“国史馆”的“国军档案”，此外，台湾地区已出版的档案资料有《革命文献》[③]《中华民国重要史料初编》[④]《蒋公思想言论总

① 中国第二历史档案馆编：《中华民国史档案资料汇编》(四十册)，江苏古籍出版社1991年版。

② 殷梦霞、李强编：《国家图书馆藏民国军事档案文献初编》(十二卷)，国家图书馆出版社2009年版。

③ 中国国民党中央委员会党史史料编纂委员会编：《革命文献》，“中央”文物供应社1954年版。

④ 秦孝仪主编：《中华民国重要史料初编：对日抗战时期》，中国国民党党史委员会，“中央”文物供应社1981年版。

集》[①]、秦孝仪主编的《蒋公大事长编初稿》[②]、“国史馆”编印的《蒋中正档案：事略稿本》[③]和《蒋中正先生年谱长编》[④]。

报刊资料：闽系海军虽实力弱小，但却参与了诸多历史大事且内部事变不断，因而备受新闻媒体关注，如《申报》《民国日报》《中央日报》《大公报》《新闻报》《真光》。另外闽系海军控制的海军部所编刊物《海军杂志》（又名《海军期刊》为本书研究提供了更为可信的史料。

文献资料：高晓星主编的《陈绍宽文集》为本研究提供了闽系代表人物陈绍宽统一海军的方案、言论，对本书研究意义极为重大。其他资料汇编主要有：张侠等编的《清末海军史料》，杨志本等编的《中华民国海军史料》，苏小东编著的《中华民国海军史事日志》，刘传标编的《中国近代海军职官表》，文闻编的《旧中国海军秘档》，中国人民解放军历史资料丛书编审委员会编的《海军回忆史料》，中国人民解放军海军司令部研究委员会编的《中国近代海军史参考资料》，张宝仓、陈书麟著的《海军史料研究》（第1辑）。

20世纪60年代以来，陆续出版的《文史资料选辑》《福建文史资料》《福州文史资料》《辽宁文史资料》《广东文史资料》包含大量闽系海军、东北海军、广东海军历史亲历者的回忆文章，弥补了档案资料的不足。但因回忆史料具有主观性，且因回忆者限于派系偏见，本书在使用时多为反复印证，力求客观。

第五节　本书结构

第一章为绪论，简介本书写作状况。本书主要围绕闽系海军发展的五大阶段，分为六章。

第二章主要梳理了闽系海军的起源与形成。闽系海军的源头可追溯至洋务运动时期的福州船政学堂。由于地缘、乡缘、师生等因素，福建人构成了

---

① 中国国民党党史委员会：《蒋公思想言论总集》，“中央”文物供应社1984年版。

② 秦孝仪主编：《蒋公大事长编初稿》，（台北）中国国民党党史委员会1978年刊行。

③《蒋中正档案：事略稿本》（1927—1949），1—82卷，（台北）“国史馆”，2003—2013年。

④ 吕芳上主编：《蒋中正先生年谱长编》，（台北）“国史馆”2014年刊行。

近代海军官兵的主要地域群体。这一趋势在清末海军重建和北京政府成立初期不断得到强化。闽系海军的形成与1917年程璧光南下护法所导致的民国海军分裂有关,因而本章重点考察了闽系海军形成的过程以及其他主要派系东北海军、广东海军的发展演变,从而为后文的研究提供便利。

第三章考察了闽系海军归附国民革命军的条件与步骤。闽系海军为保持自身独立性,与蒋介石谈判归附条件时极为谨慎,同时又根据形势变化,暗中配合国民革命军。归附后闽系海军虽然成为新政权下的"中央海军",但由于闽系归附类似于军事结盟性质,因而从根本上限制了自身发展。

第四章探讨了闽系统一海军的尝试。南京国民政府内部主要存在两股统一海军的势力:闽系控制的海军部、蒋介石控制的军委会。归附国民革命军之后,闽系力主设立海军部,力图实现闽系海军主导下的发展与统一。本章从海军舰队和海军教育两个角度深入分析海军部、军委会的统一方案及其实施情况。闽系虽然在统一海军上极为主动,但进展缓慢;另一方面,蒋介石为加强长江下游防御,在海军系统之外,另设电雷学校,虽非针对闽系而为之,却在事实上造成新的海军派系。在统一海军军事教育上,则是由闽系内部矛盾导致海军大学的停办。抗战爆发后,闽系实力受到重创,失去统一海军的资本。

第五章主要以1935年发生的"圻琛北归事件"为个案研究,探讨在此事件中,闽系海军因其接收两舰失败失去了统一海军的最佳时机,而军委会以成功接收两舰为契机,将全国海军政令划归其下办理,成为国民政府海军中央化的主导机构,从此也开启了军委会整合东北海军、广东海军等非闽系海军,逐渐形成排挤闽系海军的全新海军中央化路径的过程。

第六章,全面抗战爆发后,中国海军舰艇在江阴海战中几乎损失殆尽,遭遇自清末海军重建以来最沉重的打击。战后国民政府军委会通过重设中枢机构、接管闽系海军总部、重用其培植的闽系少壮派等诸多举措,在短期内最大限度地整合了海军,为海军重建与收复南海诸岛奠定了基础,以及在重建海军过程中,国民政府也与美国政府展开相关交涉。

第二章 闽系海军的形成

中国近代肇始，国门洞开，为了缓解内忧外患，清政府开展了自强求富的洋务运动，随即在福建成立的福州船政局可以说是中国近代海军的滥觞，而福州船政学堂培养的一批较为专业的技术人才，也成为最早的海军从业者。甲午海战失败后，清廷开始重建海军，福州船政学堂毕业生亦重新受到重用，担任要职。北洋统治时期，中央权力更迭频繁，以地缘和学缘为纽带的闽系海军军官群体为在与各势力博弈中取得优胜筹码，而抱团取暖，形成闽系海军集团。本章主要内容则为探讨闽系海军的起源、发展与形成过程。

第一节　闽系海军的源头

一、福州船政学堂

中国近代海军正式创办于1885年，而其源头则为1866年闽浙总督左宗棠奏请在福州马尾创办的“福州船政局”。为培养专业的海军人才，左宗棠拟订《求是堂艺局章程》，提出开办学校的基本设想：“挑选本地资性聪颖，粗通文字子弟入局肄业。”[①]同年左宗棠调任陕甘总督，船政大臣由沈葆桢继任，沈葆桢非常重视培养船政及海军人才，遂于1867年在马尾正式创办了近代中国第一所海军军事学校——福州船政学堂。[②] 福州船政学堂分为前、后两个学

① 张侠等编：《清末海军史料》，海军出版社1982年版，第377—378页。

② 福州船政局初名“求是堂艺局”，1867年2月创办于福州，同年夏迁至马尾，更名为“福州船政学堂”。1913年船政前学堂改为海军制造学校；后学堂改为海军学校。

堂：前学堂用法文教授，专门学习舰船制造；后学堂用英文讲课，设驾驶、管轮两班。“清末，该学堂共毕业510人，近代中国海军的大部舰艇管带，许多海军学堂的教习及造船厂的技术人员，都出自船政学堂。”[①]

福州船政学堂培养的海军专业人才，恰逢当时清政府组建水师而缺少专业技术人员的时机，故而受到重用。如1875年，清政府创办北洋水师时，所用军事人才几乎全部来自船政学堂。他们多担任水师各舰管带、帮带等重要职务。此后，清政府陆续设置了9所海军学校，所聘教习亦多由福州船政学堂毕业生担任，故有评论者指出：“从1866年到1922年止，五十余年间，所有海校——马尾、天津、南京、昆明湖、威海、烟台及前期黄埔海校，几乎全由闽人主持。”[②]因此，可以说福州船政学堂是闽系海军的最初源头。

二、清末海军重建

清朝海军接连在中法战争、甲午中日战争中遭遇挫折，特别是威海卫一战，导致北洋水师全军覆没。1895年，光绪皇帝在盛怒下撤销海军衙门，遣散海军官兵，但在列强瓜分中国的危机刺激和国内维新改革的推动下，也使清廷更加认识到海军的重要性。因此，在其后的维新运动至辛亥革命，清末海军出现了一段被学界称之为“海军重建时期”，这是继洋务运动筹建海军之后，近代中国海军史上出现的第二次发展时期。清末海军重建对民国海军的发展与闽系海军的形成均产生了至关重要的影响。其中尤以闽籍人士为主的福州船政学堂毕业生重新受到重用、南北洋海军统一和第二波购舰热潮对后世的影响最深。

（一）福州船政学堂毕业生重新受到重用

1898年，清政府向德国订购的3艘巡洋舰“海容”“海筹”“海琛”陆续来

① 高晓星、时平：《民国海军的兴衰》，《江苏文史资料》第32辑，中国文史出版社1989年版，第12页。

② 陈景芗：《旧中国海军的教育与训练》，载中国人民政治协商会议福建省委员会文史资料研究委员会编《福建文史资料》第八辑：《海军史料专辑》，福建人民出版社1984年版，第91页。文中所言7所海校分别为：福州船政学堂（后改称海军学校）、天津水师学堂、江南水师学堂、昆明湖水师学堂、北洋威海水师学堂、烟台水师学堂和广东黄埔水师学堂。

华，次年，向英国订购的 2 艘巡洋舰“海天”“海圻”亦交货到达。清政府在增加新舰后，急需有经验的军官为管驾、统领，而最佳人选就是甲午战后被革职的以闽籍人士为主的海军将领。1899 年 4 月 17 日，清政府重新起用原北洋水师将领，任命叶祖珪为北洋水师统领，萨镇冰为帮统①。1902—1903 年，经直隶总督兼北洋大臣袁世凯奏保，原北洋海军军官林颖启、李鼎新、李和、蓝建枢、何品璋、程璧光、林文彬等先后被复原职②。以闽籍人士为主的福州船政学堂毕业生重新受到重用，逐渐掌握海军各舰实权。此种情况一直持续到民国时期，出现了北京政府时期历任海军总长、海军总司令非福建人即福州船政学堂毕业生的局面。

（二）南北洋海军统一

从 1860 年代至 1880 年代，清廷相继组建了福建水师、南洋水师、广东水师、北洋水师，4 支水师之间互不相属。中法战争战败后，清廷于 1885 年 10 月成立海军衙门。从成立起至 1895 年 3 月裁撤，海军衙门存在的 10 年里并未在实际上统一 4 支水师。

1905 年 1 月 18 日，两江总督周馥奏请清廷统一南北洋海军。其奏折称：

> 现统北洋海军广东水师提督叶祖珪，本船政学堂出身，心精力果，资劳最深，拟将南洋各兵舰归并该提督统领。凡选派驾驶、管轮各官，修复练船，操练学生、水勇，皆归其一手调度，南北洋兵舰官弁，均准互相调用。现在兵舰，虽不足一军之数，而统率巡防，须略防一军两镇之制。即南洋水师学堂，上海船坞，兵舰饷械支应一切事宜，有与海军相关者，并准该提督考核，会商各局总办道员，切实

① 叶祖珪（1852—1905），字桐侯，福州船政学堂第一届毕业。萨镇冰（1859—1952），字鼎铭，祖籍山西，出生于福建福州。

② 林颖启（1852—1914），福建福州人。李鼎新（1862—1930），字成梅，福建侯官人。李和（1852—1930），广东三水县人，1867 年考入福州船政学堂，为船政学堂第一期学员。蓝建枢（1854—?），字季北（季伯），福建闽侯人。何品璋（1860—?），字质玉，福建闽侯人，毕业于福州船政学堂第四届驾驶班。程璧光（1861—1918），广东香山县人，1875 年考入福州船政学堂。

整顿。①

清政府批准周馥的奏请后，叶祖珪即在上海高昌庙江南制造总局设立海军临时办事机构，负责统领南北洋海军。5月16日，清政府谕以萨镇冰接替因病退休的叶祖珪，任广东水师提督，总理南北洋海军。

1909年7月15日，清政府任命载洵、萨镇冰为筹办海军大臣，成立了直属朝廷的筹办海军事务处，统一指挥南北洋海军。筹办海军事务处成立后，于1909年8月，经清廷谕准，将南北洋舰艇收归统一。然后按所有舰艇适于海战或江防，先后组建巡洋舰队和长江舰队。

巡洋舰队所辖舰艇为："海圻""海筹""海琛""海容""通济""飞鹰""保民""湖鹏""湖隼""湖鹗""湖鹰""辰""宿""列""张"15艘，配备官兵2 097人，以程璧光任统领。长江舰队所辖舰艇为："江元""江亨""江利""江贞""楚同""楚泰""楚观""楚有""楚豫""楚谦""建威""建安""镜清""南琛""策电""甘泉""登瀛洲"17艘，配备官兵1 542人，以沈寿堃任统领。

1909年10月16日，巡洋长江舰队统制部成立，1910年12月3日改为筹办海军事务处。12月4日，筹办海军事务处改为海军部，管理全国海军行政事务，授载洵为海军大臣，萨镇冰为统制(负责指挥巡洋舰队和长江舰队)。至此，清廷终于统一了海军的军政权与军令权。

(三) 购买外国船舰

甲午海战后，清朝海军从号称"世界第七、亚洲第一"归于零，而此后陆续从国外订购的军舰构成了北洋时期海军的主力，甚至是抗战前期中国海军的主力。辛亥革命打断了清末海军重建的进程，此一时期从国外订购的军舰由不同政权接受，按其归国时间可以分为清末归国、民初归国两类。为论述方便起见，笔者参照已有研究成果简单梳理了清末订购、清末归国各舰概况(见表2-1)。

---

① 《两江总督周馥奏南北洋海军联合派员统率折》，载张侠、杨志本主编《清末海军史料》(上)，海军出版社1982年版，第90—91页。因北洋海军编制员额在1895年裁撤，因此开复原官将领只能在南洋和广东水师中实授官缺。1904年7月，清政府虽授叶祖珪为广东水师提督，但经袁世凯奏准仍留北洋差遣。此即周馥奏折中所谓"现统北洋海军广东水师提督叶祖珪"。

表 2-1　清末订购并归国各舰

舰队	舰名	舰型	订购国家(造船厂)	排水量(吨)
巡洋舰队	“海圻”	巡洋舰	英国阿姆斯特朗厂	4300
	“海容”“海筹”“海琛”	巡洋舰	德国伏耳铿厂	2950
	“湖鹏”“湖隼”“湖鹗”“湖鹰”	鱼雷艇	日本川崎厂	
	“辰”“宿”“列”“张”	鱼雷艇	德国	
	“通济”		福州船政局	1030
	“飞鹰”		德国伏耳铿厂	
	“保民”	巡洋舰		1477
长江舰队	“江元”“江亨”“江利”“江贞”			
	“楚同”“楚泰”“楚观”“楚有”“楚豫”“楚谦”			
	“建威”“建安”	驱逐舰	福州船政局	850
	“镜清”			
	“南琛”			
	“策电”			
	“甘泉”			
	“登瀛洲”			

资料来源：刘传标编纂《中国近代海军职官表》，福建人民出版社 2004 年版，第 37—47 页。表中部分资料缺。

清末订购、民初归国各舰。1909 年 10 月，载洵、萨镇冰赴欧洲考察海军，向意大利订购炮舰 1 艘，向奥地利订购驱逐舰 1 艘，向德国订购驱逐舰 3 艘、江防炮舰 2 艘，向英国订购巡洋舰 2 艘。1910 年 8 月，载洵、萨镇冰赴美国、日本考察海军，向美国订购巡洋舰 1 艘，向日本订购炮舰 2 艘。以上所订军舰，除美、奥、意三国因舰款纠纷而取消外，其余 9 艘在民国初年来华：德造驱逐舰命名为“同安”“建康”“豫章”，炮舰命名为“江鲲”“江犀”，英造巡洋舰命名为“肇和”“应瑞”，日造炮舰命名为“永丰”“永翔”。

第二节　闽系海军的发展

一、北洋政府海军的建立

民国初期的海军力量主要是由辛亥革命期间倒戈的清末海军构成。辛亥革命爆发后，清政府派往镇压起义的海军统制萨镇冰，在革命形势的重压下，于11月11日弃舰离职。临行前以舰上灯号宣告各舰："我去矣，以后军事，尔等各舰艇好自为之。"[①]随后海军各舰相继易帜倒向革命军。

1912年1月1日，中华民国临时政府成立，下设海军部。3日，临时大总统孙中山任命黄钟瑛为海军部总长，汤芗铭为次长。[②] 黄钟瑛同时兼任海军总司令。南京临时政府仅变更了海军官职称呼，如废"海军大臣""海军统制""管带"设"海军总长""海军总司令""舰长"，但在实际上沿袭了清末海军建制，海军部仍为海军行政机构；海军总司令部为海军指挥机构，具体负责指挥海军舰艇。海军部与各舰队之间设总司令部，这种由海军部直接指挥海军舰队的权力分配体制，一直延续到1927年闽系海军归附国民革命军，新的体制直到1929年南京国民政府海军部成立时才得以确立。

1912年4月，袁世凯建立北京政府后，设立了新的海军部和海军总司令部，海军部仍负责海军行政事宜，总司令部具体负责指挥舰队训练、作战事宜，分别在北京和上海高昌庙办公。同时袁世凯调整了海军人事任命，以刘冠雄为海军部总长，黄钟瑛为海军总司令[③]。

随后，巡洋舰队、长江舰队分别更名为第一舰队、第二舰队。1913年7月，海军部以清末向英国订造的"肇和""应瑞"两巡洋舰，与第一舰队的"通

① 朱天森：《记辛亥海军起义与闽籍海军人物》，载张侠、杨志本主编《清末海军史料》，海军出版社1982年版，第737页。

② 黄钟瑛(1868—1912)，福建闽县人，福州船政学堂驾驶班及刘公岛枪炮学堂毕业。汤芗铭(1883—1975)，字铸新，湖北浠水人，毕业于福州船政学堂。

③ 刘冠雄(1861—1927)，字敦诚，福建闽县人。1875年考入福州船政学堂。1912年12月，黄钟瑛去世，海军总司令一职由李鼎新接任。

济”舰，合编为练习舰队。练习舰队所属舰艇作为海军学生的教育训练使用。

1913 年 7 月，北京政府海军所辖舰艇如表 2－2 所示：

表 2－2　民初北京政府海军所辖舰艇

舰队	舰　　名
第一舰队	“海圻”“海容”“海筹”“海琛”“飞鹰”“豫章”“建康”“同安”“永丰”“永翔”“舞凤”“联鲸”“福安”
第二舰队	“建威”“建安”“江元”“江亨”“江贞”“楚泰”“楚同”“楚有”“楚谦”“楚观”“江犀”“江鲲”“拱辰”“永安”“建中”“湖鹏”“湖鹗”“湖鹰”“湖隼”“辰”“宿”“列”“张”
练习舰队	“肇和”“应瑞”“通济”

资料来源：刘传标编纂《中国近代海军职官表》，福建人民出版社 2004 年版，第 94—113 页。

二、海军分裂：程璧光南下护法

民国初年的海军统一局面仅仅维持数年。1917 年，海军因程璧光南下参加护法军而分裂。程璧光原属清末南洋水师，与黎元洪曾同在“广甲”舰服役，两人私交甚笃。1916 年 6 月，黎元洪任大总统后即任命程璧光为海军总长。在随后的府院之争中，程璧光也自然拥护黎元洪。

1917 年 7 月，段祺瑞组织“讨逆军”挫败张勋复辟。随即，孙中山提出“拥护《临时约法》，恢复国会”，并极力拉拢海军实力派，赠送 30 万元经费于程璧光，并力促其南下护法。此时，刘冠雄在段祺瑞的支持下复任海军总长。刘为培植心腹，属意提升第二舰队司令饶怀文为海军总司令，“事泄于林葆怿，于是促林决心南下护法”[①]。

1917 年 7 月 22 日，程璧光在上海发表《海军护法宣言》，表示“海军将士，既以铁血构造共和，既以铁血拥护之”[②]，随后率第一舰队“海圻”“飞鹰”“永丰”“豫章”“舞凤”“同安”“福安”七舰南下广东护法。8 月 5 日，抵达广州，连

① 林葆怿时任第一舰队司令。见李世甲：《我在旧海军亲历记》，载中国人民政治协商会议福建省委员会文史资料编辑室编《福建文史资料》(选辑)第一辑，福建人民出版社 1962 年版，第 36 页。

② 《海军总长程璧光及林葆怿拥护约法否认非法政府宣言》，载中国国民党中央委员会党史史料编纂委员会编《革命文献》第 7 辑，“中央”文物供应社 1954 年刊行，第 82 页。

同驻泊广州的“海琛”“楚豫”“永翔”三舰，组成护法舰队。次年，驻泊厦门的练习舰“肇和”来粤参加护法。护法舰队所辖舰艇达到11艘，其中更有海军主力舰“海圻”“海琛”。此时，南下护法舰队的总吨位约占当时海军力量的四成。

1917年9月，护国军政府成立海军部，以程璧光为海军总长，林葆怿[①]为海军总司令。这样民国就出现南北两个海军部，标志着民国海军正式分裂，此分裂局面一直延续到20世纪40年代。分裂各舰为寻找靠山，依靠各地方实力派军阀；各实力派军阀也为扩充实力，组建新的海军舰队，设立海军院校，培植海军官兵，于是在20世纪20年代，力量孱弱并已分崩离析的民国海军形成闽系（中央系、福建系）、东北系（青岛系）和广东系（粤系、黄埔系）三派。

三、闽系海军的正式形成

刘冠雄任海军总长期间，海军主要官员、舰队司令、舰长等大多是闽籍人士。刘冠雄大力扶持，甚至破格提拔闽人，最为典型的是1915年12月，肇和舰起义时的“肇和”舰舰长黄鸣球[②]。黄与刘同为福州船政后学堂驾驶班同学，后两人又于1885年同被派往英国格林威治皇家海军学校留学，关系密切，私交甚好。甲午海战后，黄鸣球长期赋闲在家，不闻海军事务。1913年，已是海军总长的刘冠雄驻马江时，黄鸣球以同窗旧谊求见，被破格任用，担任“肇和”舰少将舰长。[③] 在闽系海军形成过程中，以福州为中心的地缘和以福州船政学堂为中心的学缘的关系发挥着至关重要的作用。

袁世凯死后，北京政府陷入军阀混战。海军的军饷只有依靠北洋军阀轮番把持的中央政府拨给，“陆军争地盘，就地尚可筹饷，而海军则惶惶无主，枵腹相争，一若宜为陆军之附属品”[④]。因此，无论哪一派军阀在中央政府当权，海军都依附于该派军阀。

闽系海军依附于北洋政府，始终以正统自居，认为北洋政府为世界各国

① 林葆怿（1863—1930），字悦卿，福建侯官人，1880年考入福州船政学堂第九届驾驶班。

② 黄鸣球（1864—1916），字韶臣，福建闽侯人，1878年考入福州船政后学堂。

③ 黄毓泌：《黄鸣球的海军生涯》，载中国人民政治协商会议福建省委员会文史资料研究委员会编《福建文史资料》第八辑：《海军史料专辑》，福建人民出版社1984年版，第209页。

④ 蔡鸿干：《林建章事略》，载中国人民政治协商会议福建省委员会文史资料研究委员会编《福建文史资料》第八辑：《海军史料专辑》，福建人民出版社1984年版，第167页。

承认的唯一合法政府，饷糈悉由中央政府拨给，而与广东海军、东北海军饷糈均出自地方割据政府，体系有所不同，其归附北京政府，重于实利主义，所以在北洋军阀的派系斗争中，唯权势是瞻。刘冠雄先附袁世凯，再附皖系，袁倒、皖系败，而刘亦随之下野。萨镇冰适应多方面关系，在旧海军中有崇高声望，直系、皖系当权时，曾任海军总长，不久去职。其后在北洋军阀各系角逐中原时期，杜锡珪、杨树庄、林建章相承继起，所有海军部司长以上官员及各舰队司令、舰长，大多数落于闽人之手，闽系海军至此已由奠定而壮大。①

四、广东海军、东北海军的发展演变

广东海军、东北海军是民国时期闽系之外重要海军派系，两派在形成与发展中都与闽系有着千丝万缕的联系。同时，广东海军、东北海军也是南京国民政府成立后闽系统一海军的主要对象。

广东海军是民国海军派系中实力最为弱小的一支，其形成可追溯至1917年程璧光、林葆怿率舰南下护法。广州军政府内部派系林立，南下护法的海军随即卷入了纷繁复杂的政治斗争，先是程璧光被刺身亡，1922年4月又发生山东籍的温树德武力夺舰事变，驱逐了护法舰队中的闽人。后温树德又被吴佩孚拉拢，于1923年率“海圻”等舰北上，驶抵青岛，护法舰队转眼成为直系军阀的渤海舰队。广东军政府自温树德率舰北去后，海军主力尽失，仅剩“飞鹰”“永丰”“舞风”“甘泉”等舰，形成了广东海军。

东北海军的形成有两个源头，一部分是1919年建立的“吉黑江防舰队”；另一部分是1925年组建的海防舰队。1919年，海军部接受王崇文“在哈尔滨建立吉黑江防舰队”的建议，由海军总司令部从第二舰队抽调“江亨”“利捷”“利绥”“利川”四舰北上，组建吉黑江防舰队。1920年5月，吉黑江防司令公署成立，以王崇文为司令。吉黑江防舰队直隶海军部，不归海军总司令部管辖。其成立之初，就得不到北京政府和海军部的有力领导和经费支持。“至于江防舰队经费，原由海军部供应支领，但北京政府支付不出，3年中积欠军

① 李世甲：《我在旧海军亲历记》，载中国人民政治协商会议福建省委员会文史资料编辑室编《福建文史资料》（选辑）第一辑，福建人民出版社1962年版，第40页。

饷,达10多个月,因而促成了改属东三省政府的动机。”[①]1922年6月,吉黑江防司令公署暨江防舰队在张作霖的拉拢下投向东三省,接受收编。

1922年8月,在东三省保安总司令部内特设航警处,作为筹办东北海军的领导机关,调沈鸿烈任少将处长。沈鸿烈任航警处长后,积极招揽北京海军部中的凌霄、方念祖、谢刚哲等20余位留日同学来东北参加创建海军,并把吉黑江防舰队置于航警处领导之下,作为创建东北海军的实力基础。

东北海军的另一部分是1925年正式组建成军的海防舰队。1923年春,奉系在葫芦岛创办航警学校,培养东北的海军军官和水兵。同时以“镇海”“威海”“定海”“飞鹏”四舰组成东北海防舰队[②]。1926年冬,东北海防舰队利用渤海舰队的“海圻”赴旅顺进日本船坞修理之机,采取收买方式,将“海圻”接收整编。

前文提及1923年温树德率舰北上,驶抵青岛后成为直系的渤海舰队。第二次直奉战争,直系战败,依附于直系的渤海舰队司令温树德转而投靠奉系山东督办张宗昌。1925年10月,张宗昌借海军士兵闹饷事件,乘机将温树德免职,委毕庶澄兼渤海舰队司令,从而控制了渤海舰队。后张宗昌归附张作霖,渤海舰队亦归于东北海军。1927年3月20日,张作霖在青岛设立联合舰队司令部,下辖东北海防舰队与渤海舰队,至此,东北海军实力达到全盛。因在青岛设立之缘故,东北海军也有“青岛系”之称谓。

第三节 结语

闽系海军是以地缘(福州)和学缘(福州船政学堂)为重要纽带而形成军事集团,其发端于福州船政局和福州船政学堂,在晚清政府重建海军之际,开

---

① 范杰:《我在东北海军的回忆》,载文闻编《旧中国海军秘档》,中国文史出版社2006年版,第29页。

② 1923年7月向烟台政记轮船公司购入2000吨以上商船两艘,分别命名为“镇海”“威海”。1924年9月,奉军接收了大沽造船所及停泊在造船所内的1100吨破冰船1艘,改装成舰,命名为“定海”。1925年10月,向日本购买200吨旧鱼雷艇1艘,命名为“飞鹏”。见刘传标编《中国近代海军职官表》,福建人民出版社2004年版,第119页。

始执掌海军部门要职，成为支配海军的重要政治力量。民国时期，闽系海军继续担任海军部门重要的职位，成为中央政府和各地方实力派争取和拉拢之对象，在北洋政府与南京国民政府统治时期都发挥着重要的政治和军事作用，是民国政治、军事权力博弈中的重要一环。

第三章 北伐期间闽系海军的易帜

1926年,广州国民政府发动以推翻北京政府为目的的北伐。在国民革命军北伐的冲击下,1927年3月,约占全国海军力量3/5的北洋政府海军主力之闽系海军在海军总司令杨树庄的率领下倒向国民革命军,这在一定程度上改变了北伐南北双方的军事力量对比,成为北伐期间重要事件之一。通过易帜,闽系海军从革命对象转变为革命者,并在此后的龙潭战役、西征唐生智与蒋桂战争中,坚定地支持南京国民政府,对北伐走势和国内政局产生重要的影响。那么闽系海军基于什么原因归附于国民革命军?闽系海军与南京国民政府谈判过程如何?易帜条件是什么?目前学术界虽有探讨,但主要是基于当事人的若干回忆材料[①],对其真实历史图景缺乏可靠档案资料支撑。本章主要依据馆藏于台北"国史馆"的档案文献,并结合已公开出版的各方史料,就上述问题作进一步梳理和分析。

---

① 以往研究北伐期间闽系海军易帜及其条件所依据的主要史料有韩仲英:《海军参加国民革命述闻》,载杨志本编《中华民国海军史料》,海洋出版社1987年版,第962—963页;吴艺五:《我所知道的方声涛》,载中国人民政治协商会议福建省委员会文史资料研究委员会编《福建文史资料》第12辑,1986年,第94—100页;李世甲:《我在旧海军亲历记》,载中国人民政治协商会议福建省委员会文史资料编辑室编《福建文史资料》(选辑)第一辑,福建人民出版社1962年版,第59—65页;中国人民政治协商会议福建省委员会文史资料委员会编:《政坛浮生录——林知渊自述》,《福建文史资料》第22辑,1989年。基于上述史料颇具代表性的研究成果是海军司令部《近代中国海军》编辑部编著:《近代中国海军》,海潮出版社1994年版,第840—846页,该书对闽系海军易帜有较为详细的叙述。香港方面的研究则有老冠祥:《杨树庄在北伐期间率海军易帜的意义和影响》,《中华军史学会会刊》1997年第二期,第181—209页。该文使用了中国第二历史档案馆编著的《蒋介石年谱初稿》,重构闽系海军易帜经过,其中涉及双方讨价还价的一些条件。

第一节　冲击与倒戈

一、北伐军对闽系海军的冲击

1926年7月1日，广州国民政府发布《北伐宣言》，9日，国民革命军出师北伐。国民革命军北伐的整体战略为：第一阶段底定长江流域，第二阶段渡黄河而直取幽燕，以完成统一全国之工作。[①] 当时长江流域为两大军阀所占据：拥兵武汉一带者为吴佩孚，雄视东南者为孙传芳，各有数十万之兵力。

北伐之初，闽系海军各舰队的驻扎情况是：第一舰队司令陈季良驻泊于马尾，同时代行闽厦警备司令职务，指挥驻闽舰艇和海军陆战队及长门、厦门两要塞，下辖"海容""海筹""永绩""永建""连鲸""豫章""建康""普安""华安""定安""海凫""海鸥""海鸿""海鹄"等舰；第二舰队司令陈绍宽驻泊于南京，指挥长江各舰艇，下辖"建威""建安""江元""江亨""江贞""楚泰""楚同""楚有""楚谦""楚观""江犀""江鲲""拱辰""永安""建中""湖鹏""湖鹗""湖鹰""湖隼""辰""宿""列""张""甘泉""利通""福清""福鼎"等舰；练习舰队司令李景曦驻上海，下辖"应瑞""通济""靖安"等舰。海军总司令部设在上海高昌庙，由杨树庄坐镇指挥。

北伐开始后，闽系海军受命于吴佩孚、孙传芳，率舰助战，负责江上封锁或掩护陆军登陆任务。闽系海军在战场上与国民革命军的接触中，战绩多是失败。《民国海军的兴衰》详细记载了1926年7月—11月闽系海军与国民革命军的战斗失利情况：

> 1926年7月17日，吴佩孚调集海军舰艇到湖南汨罗江实施封锁，配合北洋军阻止北伐军渡江。然而北伐军势如破竹，于8月20日顺利越过汨罗江，22日攻占岳阳。闽系海军见陆军部队夺路而逃，

① 《国民革命军出师北伐史料前言》，载中国国民党党史史料编纂委员会编《革命文献》第14辑，(台北)正中书局1956年版，第1页。

也不愿独自作战，纷纷退往白螺矶、新堤一带，后又撤至武汉江面。

随着北伐军力量增强，北洋军阀再次向长江下游退却。9月22日，孙传芳到九江后，令杨树庄带舰前来助战。25日，海军"决川""浚蜀"两舰掩护孙传芳军之一部在黄石港登陆，攻占大冶，与北伐军展开激战。11月5日，孙传芳兵败后乘舰从武穴退至湖口，7日又逃至南京。[①]

虽然国民革命军与闽系海军作战中败绩较少，但北伐军进入长江流域后，闽系海军也对其造成一定的军事压力。如9月3日，国民革命军进攻武昌洪山时，海军舰艇在大堤口江面向洪山炮击，使国民革命军一度受阻，造成不少伤亡。为减轻海军方面军事压力，广州国民政府向闽系伸出橄榄枝，积极争取闽系海军倒戈。此种态度变化可从1926年10月27日，蒋介石发给广州张静江、谭延闿，武昌邓演达的电文中就可获悉：

广州张谭二主席均鉴：长江海军紧要，务请设法派员切实联络，为我所用；月饷请先担任，如何？

武昌邓主任勋鉴：海军紧要，前史家麟来汉，即与此有关，望再设法联络：如为我军所用，则当允其月饷可也。[②]

此时闽系海军如何作出选择，如何寻求出路，日渐提上日程。在国民革命军的快速推进下，如继续抵抗则可能会有全军覆没之虞，如不抵抗，则自身实力无法体现。如何抉择遂成为闽系海军将领必须直面面对的问题。

二、闽系海军倒戈意见的形成

在国民革命军的猛烈攻势及吴、孙军队的溃败下，闽系海军高层开始为出路重做打算，并迅速达成归附国民革命的意见。1926年11月，海军总长杜

① 高晓星、时平：《民国海军的兴衰》，载《江苏文史资料》第32辑，中国文史出版社1989年版，第102页。

② 《蒋总司令为联络长江海军电》，载中国国民党中央委员会党史史料编纂委员会编《革命文献》第13辑，（台北）正中书局1956年版，第394页，总2170页。

锡珪在上海同海军总司令杨树庄密商。杨树庄认为北京政权覆灭将不可避免，今后闽系海军唯有归附广州新政权，才有存在的可能。[①] 杜锡珪素以依附直系著称，但此时也有其他考量。两人商讨后，决定分头应付：北京政府方面有杜锡珪从中周旋，南方革命军由杨树庄联络商洽。

杨树庄在上海观察了全盘形势之后，决定海军归附国民革命军必须分两个步骤："一是估计何应钦率领的东部北伐军进展会比西路军快速，应使第一舰队司令陈季良首先在闽发难，吸引在闽的北军，减少何应钦军前进路上的障碍，使其得以直捣福州；二是鉴于东路北伐军攻下浙江之前，苏、皖、浙三省还是孙传芳的势力范围，海口及沿江要塞仍全为北洋军阀所掌握，海军活动不能不受到限制，应使第二舰队司令陈绍宽在南京一面与孙传芳周旋，一面密派长江舰队之主力军舰溯江上驶到九江，向蒋介石报告全部情况，以后全军始更换旗帜[②]。

然而此时的长江下游仍处于孙传芳的控制之下，杨树庄并未将倒戈一事的讨论范围扩展至舰队司令、各舰舰长等闽系中层将领。那么闽系海军中层将领态度如何，也应该值得关注。尤其是处北伐前线、驻泊南京的第二舰队司令陈绍宽的看法。北伐之初，陈绍宽反对归附国民革命军的态度较为坚决，曾言："有断头将军，无投降将军"。随着北伐军的节节胜利，特别是第一舰队在闽协助东路军攻下福建后，陈绍宽态度发生变化。他从整体局势考虑，意识到北京政府即将覆灭，未来政权必操于国民革命军之手，海军出路唯有归附国民政府，遂下令决心归附。

此时，孙传芳仍控制着苏浙皖三省，他一面密切注视闽系海军的动向，一面极力拉拢陈绍宽。而陈绍宽对孙则是虚与周旋，如孙传芳军向江西出击时，陈给孙多方面的帮助，甚至派舰供孙设统帅部之用，使孙不疑。孙曾在某次宴会上对众公开赞扬陈的才能说："今天我结识这位品德高尚、勇敢善战的陈将军，就比我扩充十个师的兵力作用还大。"[③]

---

① 林知渊：《我参预旧海军活动二事》，载中国人民政治协商会议福建省委员会文史资料研究委员会编《福建文史资料》第八辑：《海军史料专辑》，福建人民出版社 1984 年版，第 50 页。

② 林知渊：《我参预旧海军活动二事》，载中国人民政治协商会议福建省委员会文史资料研究委员会编《福建文史资料》第八辑：《海军史料专辑》，福建人民出版社 1984 年版，第 50 页。

③ 李世甲：《我在旧海军亲历记》，载中国人民政治协商会议福建省委员会文史资料编辑室编《福建文史资料》(选辑)第一辑，福建人民出版社 1962 年版，第 62 页。

在归附对象上，闽系从开始即锁定掌握国民革命军事大权的北伐军总司令蒋介石。

第二节　易帜过程

一、生存危机与谈判联络

闽系海军当事人时任海军第一舰队司令陈绍宽回忆："海军领导层人物见北洋军阀政府大势已去，直系军队又告失败，大家都认为此应是参加国民革命的时候，使国家早日安定"，并认为"因为海军传统的政策，一向是为国为民，接受能统治国家势力的命令。"[①]另外，海军代表林知渊回忆，杨树庄曾多次谈到"直系军阀之被打倒，北京政权之被消灭，将不可避免，今后海军唯有走孙中山革命路线，归附广东新政权，才有存在的可能"，认为杨树庄等海军将领归附国民革命军，"只是出于利害关系的考虑"[②]。上述回忆表明，国民革命军誓师北伐，进抵长江流域后，闽系海军面临严重的生存危机是其选择易帜的主要原因。

北伐之初，闽系海军"共有大小军舰四十四艘，编为三队：第一舰队，司令陈季良，直辖海容等十四舰；第二舰队，司令许建廷，直辖建成等二十七舰；练习舰队，司令李景曦，直辖应瑞等三舰"[③]。海军总司令部设在上海高昌庙，由杨树庄坐镇指挥。在政治立场上，闽系依附直系孙传芳部。

1926 年 9 月初，因吴佩孚在两湖地区的溃败超乎意料，孙传芳终止"坐收渔人之利"的观望之态，增兵援赣。闽系海军在孙传芳的命令下，于 9 月下旬，由海军总司令杨树庄亲率"永健""江利""利通""建威""海凫""策电""楚谦""应瑞"等

① 《给海军司令部的回信及答复的几个问题》，载高晓星编《中国近代海军名将：陈绍宽文集》，海潮出版社 1994 年版，第 417—418 页。

② 中国人民政治协商会议福建省委员会文史资料委员会编：《政坛浮生录——林知渊自述》，《福建文史资料》1989 年第 22 辑，第 13 页。

③ 《杨树庄所辖之海军实力》，1926 年 7 月 6 日《申报》。

舰“前往九江、武穴一带驻防，并助陆军应战”[①]。孙传芳倾五省之主力与闽系海军主力炮舰，非但没有达到闽系预期的“全力援赣，胜利可期”[②]，其结果反而是11月8日国民革命军攻占南昌，孙传芳实力受到重创，“五省之兵力，除孟昭月旅外，鲜有孑遗。”[③]孙传芳在江西战场的惨败大大出乎闽系海军之意料。

此外东南福建战场亦趋紧张。11月中旬，国民革命军东路军胜利挺进福建，前锋已抵漳州，严重威胁闽系海军在厦门与福州的势力。闽系海军自1924年占据厦门后，设三都支应局，其税收一直是闽系的主要饷源之一。福州对闽系更为重要，位于福州东北部的马尾，既是主力第一舰队的驻扎之地，也是海军学校的校址所在。至1926年11月中旬，闽系海军面临严重的生存之危。

闽系海军协助孙军作战，给予缺乏海军的国民革命军极大压力，加快了国民革命军阵营对闽系海军的拉拢。10月27日，蒋介石致电张静江、谭延闿，“长江海军紧要，务请设法派员切实联络，为我所用”[④]，同日蒋又致电政治部主任邓演达“海军紧要……望再设法联络。如为我军所用，则当允其月饷可也。”[⑤]因此，闽系在生死存亡之际，又存有与国民革命军合作，倒向革命之生机。

从1926年8月至12月，闽系海军与国民革命军经历了从接洽到谈判两个阶段：

第一阶段：8月至11月上旬，为试探性的初步接洽，其联络路径有三：一是广州民国政府责令何成浚、方声涛设法切实联络，于1926年8月派丁默村、林赤民前往上海接洽[⑥]；二是国民党北京政治分会委派陈扬镳、宋新秘密前往上海接洽[⑦]，1926年10月初两人到达上海；三是私人代表，“王允恭代表蒋介石、黄家镰代表李济深”[⑧]与闽系海军联系。

---

① 《驻沪海军出发援赣》，1926年9月22日《申报》。

② 《驻沪海军出发援赣》，1926年9月22日《申报》。

③ 中国第二历史档案馆编：《蒋介石年谱初稿》，档案出版社1992年版，第784页。

④ 中国第二历史档案馆编：《蒋介石年谱初稿》，档案出版社1992年版，第763页。

⑤ 《蒋总司令为联络长江海军电》，载中国国民党党史史料编纂委员会编《革命文献》第13辑，(台北)正中书局1956年版，第394页，总2170页。

⑥ 《李参谋总长济深呈蒋总司令径电》1926年8月25日，(台北)“国史馆”藏，蒋中正文物档案，002-020100-00011-001。

⑦ 《陈扬镳宋新呈蒋中正收束上海海军舰队商议情形》1927年1月，(台北)“国史馆”藏，蒋中正文物档案，002-080200-00001-001。

⑧ 韩仲英：《海军参加国民革命述闻》，载杨志本编：《中华民国海军史料》，海洋出版社1987年版，第962页。

第二阶段：11月下旬至12月，为非公开的“边合作边谈判”。谈判之初，双方互派代表，筹建联络网络。海军方面，派出三批代表分赴江西、福建、广州与总司令蒋介石、东路军总指挥何应钦和国民政府谈判，11月25日，何应钦将海军代表安排及时报告给蒋介石：“长江方面，已派代表与总座接洽，听总座主持；福建方面海军行动，林知渊与钦接洽，听钦主持。并云已派员赴首与政府接洽。”[①]此说可与11月27日蒋介石致电何应钦的电文内容得以证实，文称：“顷接李总参谋长马电称：‘沪海军派方声涛前来请愿向义归附’”[②]。杨树庄派往南昌，负责与总司令蒋介石接洽的是陈可潜，据韩仲英回忆，之所以选派陈可潜前往接洽是因为“海军上校陈可潜为黄花岗烈士陈可钦胞弟”[③]。于是，陈可潜作为海军特派，约同蒋介石之私人代表王允恭前往南昌，与蒋接洽一切[④]。

上述电文可以清晰地显示杨树庄所派遣代表之网络：广州国民政府由方声涛负责接洽、南昌前线由陈可潜与蒋介石接洽、福建由林知渊与何应钦接洽。网络之中心为杨树庄，三地代表随时向杨汇报。

国民政府方面亦有完善之代表接洽网。据台北“国史馆”藏“蒋中正文物”档案原件，蒋于29日回电何应钦，安排与海军接洽代表问题，电文称：“上海方面，托钮惕生接洽，在闽由兄接洽可也。”[⑤]又11月23日，蒋介石因“丁默村在沪太招摇”，致电邓演达，“海军决由粤直接交涉为是”[⑥]。随着福建方面与海军交涉日益重要，加之何应钦准备由闽北上入浙无法顾及海军事，蒋介石改任王允恭为国民政府方面海军接洽全权代表，前往福建接洽，并于12月15日电告何应钦，“海军事及福州组织省政府事，如王允恭兄来闽，可与之切

① 《何应钦电蒋中正林知渊来泉接洽经过并请示海军与政府接洽情形》1926年11月25日，(台北)“国史馆”藏，蒋中正文物档案，002-020100-00011-006。

② 《蒋总司令与何应钦商榷应付海军电》，载中国国民党党史史料编纂委员会编《革命文献》第14辑，(台北)正中书局1956年版，第440页，总2216页。注：该电于11月27日发出，蒋介石是在28日收到何应钦径电。

③ 韩仲英：《海军参加国民革命述闻》，载杨志本编：《中华民国海军史料》，海洋出版社1987年版，第962页。

④ 《方声涛函蒋中正海军代表陈可潜王允恭诣辕请示并托代报接洽经过》1926年12月6日，(台北)“国史馆”藏，蒋中正文物档案，002-020100-00011-008。

⑤ 《蒋总司令嘱何应钦接洽在闽海军电》，载中国国民党党史史料编纂委员会编《革命文献》第14辑，(台北)正中书局1956年版，第440页，总2216页。

⑥ 中国第二历史档案馆编：《蒋介石年谱初稿》，档案出版社1992年版，第813页。

商，中正已嘱其为海军方面全权代表矣”[①]，20 日，再告国民政府方面李济深，“海军已派王允恭往闽，全权接洽。”[②]

国民政府与海军方面接洽网为：上海方面由钮永建（字惕生）负责接洽、福建方面由何应钦与王允恭负责、广州方面由李济深负责。

值得注意的是，大致以 12 月中旬为界，国民政府方面联络网之主导权逐渐由广州国民政府集中到蒋介石手中，尤以蒋介石任命其私人代表王允恭为国民政府方面海军接洽全权代表为标志。其原因有二：一是福建控制在蒋介石手中，海军易帜核心条件“闽人治闽”进入实质性谈判阶段，决定权在于蒋介石；二是此时国民政府忙于迁都之争，分散了对海军的注意力。

二、人员名利与海军军饷

联络网即成，双方随即展开谈判。综合现有史料，闽系海军易帜的条件分为两类：其一，解决生存危机，包括人员名利问题和海军军饷；其二，拓展发展空间，指闽人治闽与统一海军[③]。

第一，人员名利问题。投诚革命之际，个人安危以及舰队人员名利保留问题自然是杨树庄首先考虑的问题。杨在初期数次接洽中多次提出其顾虑在于投诚后保证“舰队安全”[④]“各舰人员位置之保留”[⑤]与“维持个人地位”[⑥]。

---

① 《蒋总司令告何应钦与王允恭商洽海军事电》，载中国国民党党史史料编纂委员会编《革命文献》第 14 辑，（台北）正中书局 1956 年版，第 441 页，总 2217 页。

② 中国第二历史档案馆编：《蒋介石年谱初稿》，档案出版社 1992 年版，第 852 页。

③ 韩仲英在《海军参加国民革命述闻》回忆闽系海军与蒋介石合作之条件为三：“（一）确定海军经费；（二）闽人治闽；（三）规定造舰建设费”；吴艺五在《我所知道的方声涛》回忆称：“（一）给杨以海军总司令名义：（二）福建底定后，把福建省政交给海军支配；（三）按月拨给海军饷银三十万元”；林知渊晚年回忆录《政坛浮生录》忆及杨树庄曾委托他与蒋介石商决两事：“一为海军饷项问题，一为党代表问题”。再据台北“国史馆”藏《蒋中正电张人杰等对海军应速加入国府委杨树庄为委员等项有所指示》《李济深电蒋中正海军统一事请予便利代表暂不离沪委杨树庄等职务》（台北“国史馆”藏，典藏号分别为：002 - 020100 - 00011 - 010、002 - 020100 - 00011 - 013）两电，杨树庄亦有“统一海军”之要求。

④ 《邓演达电蒋中正杨树庄海军来归条件并建议闽人治闽使海军属我》1926 年 11 月 3 日，（台北）“国史馆”藏，蒋中正文物档案，002 - 020100 - 00011 - 002。

⑤ 《李参谋总长济深呈蒋总司令径电》1926 年 8 月 25 日，（台北）“国史馆”藏，蒋中正文物档案，002 - 020100 - 00011 - 001。

⑥ 《陈舜畊呈蒋中正请示海军杨树庄部输诚条件事》1926 年 11 月 23 日，（台北）“国史馆”藏，蒋中正文物档案，002 - 080200 - 00009 - 029。

据吴艺五回忆，约11月上旬，方声涛命其去广州与国民政府要员接洽海军事，最初谭延闿与李济深认为"国民革命军暂师当日只有一个总司令，所以，不同意给杨树庄以海军总司令名义"，最后才统一意见"给杨以海军总司令名义"①。为了促使杨树庄尽快公开易帜，蒋介石增加筹码，承诺闽系海军在宣布加入国民革命军后，"由国民政府委杨树庄为政府委员"。②

随着东路军迅速敉平福建，驻扎在马尾、厦门等地的第一舰队安全已有保障，唯驻沪海军司令部、驻宁第二舰队尚处在孙传芳统治之下，舰队安全无法保证，杨树庄要求"上海无陆军响应，不能正式发表"③。杨树庄决定在革命军占领淞沪、舰队安全得以切实保障之时，方能公开易帜。

第二，海军军饷。海军月饷问题是闽系易帜的核心问题，也是国民政府争取海军易帜的重要筹码。作为现代化军种，海军月饷远高于陆军，在中央权威丧失，军阀割据时代，海军无法像陆军一样"就地筹饷"，经费往往来源于最具实力且能为海军提供月饷的军事实力派，从而表现出极强的"依附性"。曾有学者指出闽系海军"因为北京政府没有发饷，所以海军'南归'"④。此说值得商榷。事实上闽系海军此时依附于孙传芳的重要原因之一即是孙传芳能保证军饷，据《申报》载，"海军饷项现由联军总司令孙传芳月贴三十万元"⑤，另据陈扬镳、宋新探悉："孙筹给海军每月饷项一十五万元（即上海海陆军警包运烟土分赃之款），一仍其旧"⑥。因消息来源不同，孙传芳每月支付闽系海军之月饷数额有较大差异，但可以肯定的是，孙传芳保证海军每月军饷，是闽系依附于孙的先决条件。

闽系海军一旦公开易帜，孙传芳必然断其军饷，因此，杨树庄在易帜前反

---

① 吴艺五：《我所知道的方声涛》，载中国人民政治协商会议福建省委员会文史资料研究委员会编《福建文史资料》第12辑，1986年，第94页。

②《蒋中正电张人杰等对海军应速加入国府委杨树庄为委员等项有所指示》1926年12月10日，（台北）"国史馆"藏，蒋中正文物档案，002－020100－00011－010。

③《蒋总司令告何应钦海军愿服从命令电》，载中国国民党党史史料编纂委员会编《革命文献》第14辑，（台北）正中书局1956年版，第440页，总2216页。

④ 参见[加]陈志让：《军绅政权：近代中国的军阀时期》，广西师范大学出版社2008年版，第105页。

⑤《沪海军表示与直鲁军合作》，1926年12月21日《申报》。

⑥《陈扬镳宋新呈蒋中正收束上海海军舰队商议情形》1927年1月，（台北）"国史馆"藏，蒋中正文物档案，002－080200－00001－001。注：原件无明确时间，笔者据其内容考证，该报告形成时间范围为1927年1月1日至19日之间。下同。

复试探国民政府对易帜后对海军军饷之态度。1926 年 8 月，杨树庄通过前来接洽的丁默村询问国民政府“海军月饷四十万投诚后能否由粤出？”[①]11 月，杨树庄再次通过陈扬镳、宋新向国民政府传达“保证来归后之月饷”[②]之要求。作为国民革命军总司令，蒋介石深知军饷之重要，指出闽系海军“如为我军所用，则当允其月饷可也”[③]，并一再要求广州国民政府主席张静江“海军紧急，无论如何，须筹现款三十五万元汇沪，以备发饷，而坚其来归之心。”[④]12 月 10 日，蒋介石在给何应钦等人的电文中再次强调“海军饷项，必按月由军事部或总部发给”[⑤]。

在海军易帜后保证军饷这一问题上，杨树庄极为顺利地与蒋介石达成一致。然而，海军军饷问题的核心是何时发放以及如何落实。以蒋之意，“海军款项，只要其加入政府，必可发饷”[⑥]，换言之，蒋介石发放海军军饷的前提条件是闽系海军公开易帜，宣布加入国民政府。海军方面，杨树庄于 12 月初派陈可潜赴赣接洽，表示“愿服从命令”，但以“上海无陆军响应，不能正式发表”[⑦]，其理由是“上海为孔道之区，亦属海军驻泊要地，饷需船厂，不能轻弃，渤海舰队在后窥伺，陆地尚在敌手，旗帜一经鲜明，即难驻足，是要地徒以资敌，要求稍缓时日，以待机缘。”[⑧]据此，蒋介石判断“我军未占领浙、沪以前，海军不肯表示态度”[⑨]，并将此前国民政府筹备现款 35 万元暂时扣压，“未交予

① 《李参谋总长济深呈蒋总司令径电》1926 年 8 月 25 日，(台北)“国史馆”藏，蒋中正文物档案，002 - 020100 - 00011 - 001。

② 《邓演达电蒋中正杨树庄海军来归条件并建议闽人治闽使海军属我》1926 年 11 月 3 日，(台北)“国史馆”藏，蒋中正文物档案，002 - 020100 - 00011 - 002。

③ 《蒋总司令为联络长江海军电》，载中国国民党党史史料编纂委员会编《革命文献》第 13 辑，(台北)正中书局 1956 年版，第 394 页，总 2170 页。

④ 《蒋总司令催中央筹备海军协饷电》，载中国国民党党史史料编纂委员会编《革命文献》第 14 辑，(台北)正中书局 1956 年版，第 535 页，总 2311 页。

⑤ 《蒋中正电张人杰等对海军应速加入国府委杨树庄为委员等项有所指示》1926 年 12 月 10 日，(台北)“国史馆”藏，蒋中正文物档案，002 - 020100 - 00011 - 010。

⑥ 《蒋中正电何应钦海军加入政府必可发饷如允我运输至宁波可交其十万》1926 年 12 月 27 日，(台北)“国史馆”藏，蒋中正文物档案，002 - 020100 - 00011 - 016。

⑦ 《蒋总司令告何应钦海军愿服从命令电》，载中国国民党党史史料编纂委员会编《革命文献》第 14 辑，(台北)正中书局 1956 年版，第 440 页，总 2216 页。

⑧ 《陈扬镳宋新呈蒋中正收束上海海军舰队商议情形》1927 年 1 月，(台北)“国史馆”藏，蒋中正文物档案，002 - 080200 - 00001 - 001。

⑨ 中国第二历史档案馆编：《蒋介石年谱初稿》，档案出版社 1992 年版，第 852 页。

海军”[1]，同时再次强调海军款项，只要其加入政府，必可发饷。已探明蒋介石交款前提条件的杨树庄，因此时上海尚处于孙传芳控制，易帜时机未到，不能公开发表，对于蒋介石“交款迟迟”只能“微示不安之意”。[2]

1927年初，国民革命军为肃清长江下游之敌，兵分三路，剑指沪宁，进展顺利。此时已到闽系海军易帜的最后时机，蒋介石即电上海的钮永建、陈其采，“海军如以正式宣布，即请即发其月饷”[3]。3月14日，杨树庄在上海公开易帜，宣布加入国民革命军，就国民革命军海军总司令职。16日，蒋介石在获悉海军易帜后，回电杨树庄“贵军饷项，已电陈蔼士筹备三十五万元，请就近接洽。”[4]

人员名利、舰队安全与保证海军军饷是闽系海军易帜的先决条件。达成上述条件之后，闽系海军由革命对象转变为革命者，生存危机暂获解决。

三、闽人治闽与统一海军

第一，闽人治闽。福建战场在北伐初期处于防守之态。何应钦率东路军入闽后，福建为入浙、进攻淞沪的通道，因此，在1926年下半年的北伐战场，福建既非主战场，亦非南北交战双方的战略目标省份，蒋介石需要的是一个稳固的“后方根据”[5]。这一切有赖于闽系海军的合作。

中国近代海军发源于福州的船政局，因地缘、学缘等因素形成了以福州闽侯为地域核心、马尾海军学校为学缘中心的极具地方色彩的闽系海军。在北伐之前，闽系海军控制着马尾、厦门及部分沿海地区，驻扎有第一舰队及海军陆战队若干。那么，给予海军何种条件，方能使其在东路军入闽时为国民革命军效力，成为国民政府高层考量的一个重要问题。

---

① 《李济深电蒋中正海军决拥护政府惟现需款甚急恳令饬从宽维系》1926年12月24日，(台北)“国史馆”藏，蒋中正文物档案，002-020100-00011-015。

② 《李济深电蒋中正闽沪海军诚心附我能设法统一归诚请畀杨树庄全权》1926年12月28日，(台北)“国史馆”藏，蒋中正文物档案，002-020100-00011-017。

③ 《蒋中正电钮永建陈其采海军如已宣布则发其月饷催杨树庄舰队集中九江》1927年2月27日，(台北)“国史馆”藏，蒋中正文物档案，002-020100-00011-022。

④ 《蒋总司令致方声涛转杨树庄铣电》1927年3月16日，见《革命文献——海军来归目录、概述》，(台北)“国史馆”藏，蒋中正文物档案，002-020100-00011-000。

⑤ 中国第二历史档案馆编：《蒋介石年谱初稿》，档案出版社1992年版，第860页。

早在10月27日，蒋介石为减轻游弋于长江的闽系海军造成的军事压力，在致张静江、谭延闿的电文中曾有过如果闽系海军来归，“将来或以我军占领福建归其自治条件，与之交换”[①]之想法。但因当时闽系海军尚在江西助孙军对抗革命军，双方尚未建立联络，闽系海军态度不明，蒋介石在最后电文中又将此句划去。

11月3日，邓演达在接到负责与海军秘密接洽之代表陈扬镳、宋新等人报告“福建归浙军”等杨树庄易帜条件后，立即致电蒋介石，建议“职意闽人治闽之口号正可利用，……权宜允许之，使海军属我，至少减少敌人活动”[②]。邓之建议与此前蒋介石的想法不谋而合。

接下来的半月时间，战场局势巨变。江西战场，闽系海军所依附之孙军溃退，蒋介石于9日占领南昌，失去根基的闽系海军逃回上海；福建战场，东路军即将抵达闽系传统势力范围厦门、闽侯等地。为减轻福建战场阻力，争取驻闽海军第一舰队协助，国民政府内部迅速达成“福建底定后，把福建省政交由海军支配”[③]的一致意见，“政府许其在闽省组织省政府并先选出委员。”[④]

考证杨树庄在与国民政府谈判之初，所提易帜条件并无“闽人治闽”一项，甚至在11月初，杨树庄在与陈扬镳等国民党代表秘密接洽中，对于福建将来之归属提出“福建归浙军”[⑤]。可以看出，此时杨树庄考量的是如何保存实力和维持生存空间不被压迫，未敢想象接管福建省政一事。但当杨树庄确认国民政府以“福建省政交由海军支配”作为其易帜的条件之一时，意识到这将是闽系扩充势力的千载难逢之契机，即令驻闽海军第一舰队司令陈季良“相机行事”[⑥]，

---

① 中国第二历史档案馆编：《蒋介石年谱初稿》，档案出版社1992年版，第763页。注：此句是被蒋介石删去的原文。

②《邓演达电蒋中正杨树庄海军来归条件并建议闽人治闽使海军属我》1926年11月3日，（台北）“国史馆”藏，蒋中正文物档案，002-020100-00011-002。

③ 吴艺五：《我所知道的方声涛》，载中国人民政治协商会议福建省委员会文史资料研究委员会编《福建文史资料》第12辑，福建人民出版社1986年版，第94页。

④《谭延闿张人杰电蒋中正海军杨树庄允全部来归及所许条件并请调一团入福协助》1926年11月21日，（台北）“国史馆”藏，蒋中正文物档案，002-090101-00001-092。

⑤《邓演达电蒋中正杨树庄海军来归条件并建议闽人治闽使海军属我》1926年11月3日，（台北）“国史馆”藏，蒋中正文物档案，002-020100-00011-002。

⑥ 李世甲：《我在旧海军亲历记》，载中国人民政治协商会议福建省委员会文史资料编辑室编《福建文史资料》（选辑）第一辑，福建人民出版社1962年版，第60页。

协助东路军，并允诺闽系海军“全部来归”[①]，以期抓住闽系海军梦寐以求的“治闽”之良机。

按照杨树庄与国民革命军“军事方面先行一致，政治问题待后磋商”[②]的合作构想，驻闽海军第一舰队于12月初协助东路军攻占福州后，双方就组建福建省政问题展开政治磋商。蒋介石承诺“福建省政府于肃清全闽三个月内成立”[③]，省政组织形式“决照鄂、赣办法，设福建临时政治会议为最高机关”[④]，闽系海军易帜之前，主席由蒋介石以中央主席名义兼任，何应钦代理。海军方面意见为“请委杨树庄、方声涛、郑菁（应为郑宝菁——笔者注）、陈培坤、李清泉、黄展云、陈季良、张贞、丁超五九员为福建省政府委员，并兼任方声涛为军事厅长、郑宝菁兼民政厅长、陈培锟兼财政厅长、李清泉兼建设厅长、黄展云兼教育厅长、林知渊为福州警备司令”，并要求“海军未通电以前，杨、郑、陈季良三员，作定暂不发表。”[⑤]

1927年1月3日，在双方博弈的基础上，何应钦公布经核准后的福建临时政治会议委员九人名单。据《申报》载，其人员为“何应钦、何玉书、江董琴、戴任、方声涛、陈季良、黄展云、王孝缜、丁超五等九人”，[⑥]其中何应钦为代主席。因驻沪闽系海军尚未公开易帜，按杨树庄“暂不发表”要求，此公开名单中并无杨树庄、郑宝菁二人，但事实上仍以杨树庄为福建政治会议主席，“福建政治会议代主席，已商得海军同意，在杨树庄未到以前，着以方声涛代理”[⑦]。至此，作为闽系海军易帜之关键条件“闽人治闽”谈判完成，闽系海军获得了拓宽其发展空间的福建地盘，如何接管福建成为闽系易帜后的重要

① 《谭延闿张人杰电蒋中正海军杨树庄允全部来归及所许条件并请调一团入福协助》1926年11月21日，(台北)“国史馆”藏，蒋中正文物档案，002-090101-00001-092。

② 《何应钦电蒋中正闽海军军事上已与我军一致政治上待到福州始能明了》1926年12月7日，(台北)“国史馆”藏，蒋中正文物档案，002-020100-00011-009。

③ 《蒋中正电张人杰等对海军应速加入国府委杨树庄为委员等项有所指示》1926年12月10日，(台北)“国史馆”藏，蒋中正文物档案，002-020100-00011-010。

④ 中国第二历史档案馆编：《蒋介石年谱初稿》，档案出版社1992年版，第860页。

⑤ 《李济深电蒋中正海军统一事请予便利代表暂不离沪委杨树庄等职务》1926年12月18日，(台北)“国史馆”藏，蒋中正文物档案，002-020100-00011-013。

⑥ 《闽政治委员九人已发表》，1927年1月5日《申报》。注：王孝缜，字允恭，时媒体多以“王允恭”为名报道。

⑦ 《何应钦呈蒋总司令江电》1927年2月3日，见《革命文献——海军来归目录、概述》，(台北)“国史馆”藏，蒋中正文物档案，002-020100-00011-000。

活动。

第二，统一海军。民国海军正式分裂于1917年程璧光南下广州护法，至1926年10月，海军已四分五裂，演变为4支：从南到北依次是国民政府海军、依附于直系孙传芳的闽系海军、依附于张宗昌的渤海舰队、张作霖组建的东北海军，以实力论，闽系海军与渤海舰队颇具战斗力，其余两支力量较弱。北京政府时期，闽系海军虽掌控着北京政府海军总长和海军总司令两职，却不能实现海军统一。其余各支海军依附于军事实力派，表现出极强的“依附性”，军饷、军令均不受中央政府制约。

如何借助于北伐之机，实现闽系“统一海军”之夙愿，进而拓展闽系发展空间，是杨树庄在与国民政府谈判期间思虑的另一问题。此时张宗昌的渤海舰队、张作霖的东北海军均为国民政府的革命对象，因而蒋介石对于闽系统一海军之要求并无异议，给予了闽系筹办统一海军之权，“至统一海军计划，可由杨幼京筹备，呈请政府核准”①。杨树庄在获悉蒋意后，请求国民政府“对统一海军计划，拟请与以便利，助以多少活动费”②，虽经费要求未获回应，但闽系获得了“统一海军”的主动权，成为易帜后闽系践行统一海军之合法来源，为闽系日后发展提供了又一契机。

第三节　北伐功绩

一、第一舰队在闽协助东路军

国民革命军实行分隔孙吴，各个击破的北伐战略，同时采取钳形攻击与牵制方式，即分两路：一路为主力军由广东北部进取湖南，正面攻击吴佩孚主

① 《蒋中正电张人杰等对海军应速加入国府委杨树庄为委员等项有所指示》1926年12月10日，（台北）“国史馆”藏，蒋中正文物档案，002-020100-00011-010。

② 《李济深电蒋中正海军统一事请予便利代表暂不离沪委杨树庄等职务》1926年12月18日，（台北）“国史馆”藏，蒋中正文物档案，002-020100-00011-013。

力；另一路由广东东北部进入福建以牵制孙传芳。1926年10月10日，北伐军攻占武昌，武汉三镇克复。

武汉已定，国民革命军剑锋转指东南，于是由粤入闽之东路军，发挥其效能。1926年10月，何应钦率领东路军由广东东北部入闽作战。福建是闽系海军人物的故乡，1924年，闽系海军夺得厦门后，福建沿海更成为其军饷的主要来源。为此，闽系海军把主力之一的第一舰队驻防马尾。这样，国民革命军之何应钦的东路军与闽系海军主力之第一舰队首先在福建接触。

北伐东路军在取得永定、松口胜利后，于1926年11月21日进驻泉州。此时第一舰队司令陈季良由于得到总司令杨树庄"相机行事"[①]的指示，便表示与东路军合作，担任在福州附近截击各敌归路的任务。同时杨树庄派林知渊经闽厦前往接洽。[②] 在海军第一舰队的通力配合下，东路军很快消灭了军阀张毅军主力，迫使其余部于12月10日接受改编。18日，何应钦率东路军进占福州，福建遂为东路军控制。

二、杨树庄率领闽系海军归附

福建收复后，北伐战场开始转入长江下游省份。同时，蒋介石也加快催促闽系海军易帜。2月18日，蒋介石电催海军总司令杨树庄：

> 局势进展，西路会师许昌，东路已过富阳，中路江左与江右军，均已攻击前进，会取金陵，所至披靡，欲竟北伐全功，此时已至最要关键，海军同仁，夙称爱国，斯正展布伟略，戡平内乱之时。深盼海军全体即张义帜，宣布讨贼，以固帮基，知必为吾兄暨诸将士所欣然也，如何进行，并望速复。[③]

---

① 李世甲：《我在旧海军亲历记》，载中国人民政治协商会议福建省委员会文史资料编辑室编《福建文史资料》（选辑）第一辑，福建人民出版社1962年版，第60页。

② 载中国国民党党史史料编纂委员会编：《革命文献》第14辑，（台北）正中书局1956年版，第428页，总2204页。

③ 中国国民党党史委员会：《蒋公思想言论总集》卷三十六：《别录》，第365页。

2月22日,海军总司令杨树庄派"楚同"舰长李世甲溯江西上南昌,与蒋介石接头。李世甲路过南京向陈绍宽报告福建第一舰队暗中归附详情及此次西上任务时,陈绍宽当即表示:大势所趋,非干不可。① 但鉴于第一舰队首先在闽发难的先例,陈从维护闽系海军内部统一、亲自掌控第二舰队归附等考虑发出,特别向李世甲强调:"不过要干就大家一起干,个别地区或个别人分开来干,恐怕会给海军带来不利影响。"②

陈绍宽向李世甲强调"大家一起干"是很有深意的。闽系海军作为一个整体,内部矛盾重重,1917年程璧光南下护法、1923年林建章的沪队独立等严重的分裂对立事件,削弱了闽系海军的整体实力。而历次分裂事件,均为各派军阀通过军饷收买、许以海军更高官职等手段分化瓦解闽系海军内部,从而实现为己所用。陈绍宽此时担心第一舰队在闽首先发难可能是革命军分化瓦解闽系海军的惯用伎俩,会给闽系海军造成分裂,对"个别地区"先干表示担忧。就目前史料看,陈季良率第一舰队在闽发难是奉海军总司令杨树庄"相机行事"的指示,并且杨树庄令陈季良在闽"相机行事"是针对国民革命军东西两路会攻东南的战略所作出的对策。海军第一舰队在闽发难是闽系海军归附国民革命军的先期步骤。陈绍宽担心此举会被利用并给海军整体带来不利影响的考虑虽有一定道理,但此事尚能在杨树庄的掌控之下。

陈绍宽所言"个别人分开来干"这是对杨树庄派李世甲西上南昌与蒋谈判的不满,同时也是向李世甲提出警告。此时李世甲为"楚同"舰长,而"楚同"舰在编制上隶属于第二舰队,作为第二舰队司令的陈绍宽是李世甲的顶头上司。杨树庄在未知会陈绍宽的情况下,直接派李世甲去南昌执行与蒋介石接头任务,自然会引起陈的不满与猜忌。因此当李世甲辞别陈绍宽上驶至大通时,李即于当天夜半接到陈绍宽来电,命"楚同"舰驶返南京待命。③

恰在此时,上海发生了第二次工人武装起义,闽系海军牵涉其中。2月22

① 李世甲:《我在旧海军亲历记》,载中国人民政治协商会议福建省委员会文史资料编辑室编《福建文史资料》(选辑)第一辑,福建人民出版社1962年版,第63页。陈绍宽此话意为,闽系海军已到了归附国民革命军的关键时刻,归附是闽系海军的唯一出路。

② 李世甲:《我在旧海军亲历记》,载中国人民政治协商会议福建省委员会文史资料编辑室编《福建文史资料》(选辑)第一辑,福建人民出版社1962年版,第63页。

③ 李世甲:《我在旧海军亲历记》,载中国人民政治协商会议福建省委员会文史资料编辑室编《福建文史资料》(选辑)第一辑,福建人民出版社1962年版,第63页。

日傍晚，驻上海海军中的中共地下党员郭寿生，为响应上海工人起义，发动“建康”“建威”两舰炮击高昌庙附近的兵工厂、火车站等设施。起义虽未成功，但对闽系海军高层造成极大震动，杨树庄下令惩办参加起义的官兵，并采取防范措施。李世甲认为：此时国民革命军东路军已迫近上海，驻泊在高昌庙的“建康”“建威”二舰，为了以行动响应国民革命军，炮轰龙华，从而为海军尽早投向国民革命军创造条件。

东路军即将攻占上海、与蒋介石谈判接近尾声、北京政府对闽系海军警戒加强以及闽系海军下层士兵思变等一系列事件都明显地表明，闽系海军到了转舵归附的时候了。为统一闽系海军内部将领意见，杨树庄在处理参与“建康”“建威”二舰炮轰龙华人员之后，即电召闽系海军主要将领来沪开会，于23日晚商议闽系海军归附问题。会议地点选择在停泊在上海鸭窝沙的“海筹”舰上，海军总司令杨树庄亲自主持会议。除第一舰队司令陈季良镇守闽厦外，闽系海军主要将领都参加了此次会议，主要有：海军总司令部参谋长吴光宗，编属第一舰队的“海筹”舰长陈训泳、“海容”舰长王寿廷、“永绩”舰长高宪申、“永建”舰长陈永钦，第二舰队司令陈绍宽及编属第二舰队的“楚谦”舰长杨庆贞、“楚有”舰长林元铨、“楚同”舰长李世甲、“楚泰”舰长林秉衡，编属联系舰队的应瑞舰长萨福畴。

由于此时归附条件已经成熟，会议达成了一致意见：立即行动起来，参加革命，归附国民革命军。具体行动方案拟定为：

先派出部分舰队，驶往九江与南昌蒋介石取得联系，该舰队到达九江之日，即全军通电参加国民革命之时；其余舰队则暂泊吴淞口至江阴水域，严防渤海舰队南下骚扰；后勤补给问题则派“永绩”舰长高宪申率舰前去宁波办理。[①]

此行动方案除“严防渤海舰队南下”是根据现实环境做出的决定，其余两条均体现了闽系海军与蒋介石的谈判条件：派出舰队驶往九江、南昌是蒋介

① 李世甲：《我在旧海军亲历记》，载中国人民政治协商会议福建省委员会文史资料编辑室编《福建文史资料》(选辑)第一辑，福建人民出版社1962年版，第64页。

石的坚决要求，同时由于蒋坚持海军在发表易帜宣言后才能支付军饷，故闽系海军只能自行筹办海军后勤补给。

根据杨树庄的命令，2 月 27 日，陈绍宽以“海容”舰为旗舰，率领“海筹”“应瑞”等舰担任吴淞口至江阴水域的防务。考虑到此时沿江两岸的要塞与炮台仍受敌军控制，杨树庄审时度势，于 3 月 10 日派遣吃水较浅的“楚谦”“楚同”“楚有”三舰，以“楚谦”舰长杨庆贞为总指挥，总司令部参谋郑世璋为联络参谋，率领此三舰开赴九江。三舰于 3 月 13 日到达九江。此时双方谈判代表林知渊、林赤民等人前来迎接。次日，北伐军总司令蒋介石亲临犒劳。

当三舰驶抵九江时，即电告杨树庄。3 月 14 日，杨树庄遂按计划通电全国，正式宣布就任国民革命军海军总司令职，电文如下：

> 各舰长，奉国民政府特任杨树庄为国民革命军海军总司令。此状等因，树庄经于十四日就职，除电呈并通电宣布外，合亟通告全军：自后凡我袍泽，应与国民革命军一致进行，以期救国，俾尽军人天职。特电布闻，即希查照。①

闽系海军易帜后，蒋介石按照闽系归附前的编制，设国民革命军海军总司令部，以杨树庄为总司令，陈季良、陈绍宽、陈训泳、曾以鼎分任第一、第二、练习舰队、鱼雷游击舰队司令。各舰队主要任务是封锁长江交通线路，配合北伐陆军作战。如在北伐军攻占上海、南京时，海军驻守长江，隔绝水上交通，“楚有”“楚同”“楚谦”三舰更是驻守采石矶下游地区，“肃清南京江面”，致使“敌军势穷力蹙，乃仓皇渡江北退”②。

随着南京事件外交形势的紧张，国共矛盾日益凸显，国民党内部宁、汉之争发生，北伐战事军事进展出现波动，“陆军恐后方接济养，或有不及，致堕声威，乃不能不回师而南。四月九日后，过江国军开始南渡”③。蒋介石对此也

① 《时事(自二月一日至三月十五日)：东南局面：上海海军加入国民党，杨树庄通电就职》，《真光》1927 年第 26(3)期。

② 吕芳上主编：《蒋中正先生年谱长编》(第 2 册)1927 年 3 月 21 日，3 月 22 日，(台北)“国史馆”，2014 年刊行，第 40—41 页。

③ 国民革命军海军第二舰队编：《海军革命战史》，《海军期刊》1929 年第九期卷，第 5 页。

有观察，“前方战斗紧张，阵角似有摇动之象”“内部纠纷，互相疑忌，不能一直对外，各军几难前进。北岸之敌愈逼愈紧，昨失扬州，今失滁州，不胜忧忿之至”[①]。因此，与北伐军总司令参谋长、东路军总指挥何应钦商谈，决定第十七师及第四十军暂不渡江。[②] 与此同时，蒋介石为阻击孙军向江南反攻，分别致电海军总司令杨树庄和海军第二舰队司令陈绍宽，要求“在南京附近加派两舰，在江阴、镇江与浦口间派数舰，分段游弋，不分日夜，严密警戒之”[③]。4月18日，蒋介石在南京另立国民政府，宁汉对立局面形成。4月23日，海军总司令杨树庄通电，表示“拥护南京中央党部及国民政府恢复党权”，“否认武汉会议及命令”，“陆海空团结一致完成北伐”并“誓以忠诚求其实现党国不亡系于此役”[④]。宁汉双方阋墙之时，为防止武汉军队东进威胁南京，4月27日，蒋介石致电杨树庄，要求“长江舰队除留江阴、镇江一带游弋外，其余务请全部集中南京，尚望再加第一舰队大舰数艘来宁，以防武汉方面军队东下。以后安庆、湖口、芜湖每处至少须有二舰常驻，而南京则须四舰驻守，已备随时调遣也”[⑤]。4月28日，杨树庄回电蒋介石，表示已“饬楚谦、永绩、楚振、泰安驻南京，建安、靖安驻芜湖，楚同，濬蜀驻安庆”[⑥]。

此后，在宁汉相争之际，孙传芳和直鲁军主力开始向宁方反攻，意图卷土重来。5月1日，蒋介石拟定三路军渡江北伐作战方案，并电令海军第二舰队司令陈绍宽，命其“督部逡巡，不为敌乘，与镇江、江阴各军联络，设法征集渡江材料，俾得速灭逆敌，早竞全成”[⑦]。5月3日，陈绍宽回电蒋介石：“派联鲸

① 蒋介石日记(手稿)，1927年4月9日，4月10日，斯坦福大学胡佛研究所档案馆藏。

② 吕芳上主编：《蒋中正先生年谱长编》(第2册)1927年4月10日，(台北)“国史馆”，2014年刊行，第54页。

③ 详见王正华编注：《蒋中正档案：事略稿本》(1)1927年4月9日，第181页。《蒋中正电杨树庄北岸敌情紧急派军舰分段游弋不分昼夜警戒》1927年4月9日，(台北)“国史馆”藏，蒋中正文物档案，002-020100-00005-034。

④《杨树庄等电蒋中正拥护南京中国国民党中央党部及国民政府恢复党权等》1927年4月23日，(台北)“国史馆”藏，蒋中正文物档案，002-020100-00026-034。

⑤《蒋中正电杨树庄调长江舰队大部集中南京以防武汉军队东下》1927年4月27日，(台北)“国史馆”藏，蒋中正文物档案，002-020100-00013-027。

⑥《杨树庄电蒋中正已饬楚谦永绩等舰开驻南京以防武汉方面军队东下并饬建安靖安驻芜湖楚同濬蜀驻安庆又第一舰队现驻江阴泰兴防敌军渡江与东北舰队窜入实难抽调》1927年4月28日，(台北)“国史馆”藏，蒋中正文物档案，002-090300-00002-058。

⑦《蒋中正电陈绍宽近闻敌将渡江反攻请督部逡巡望与镇江江阴军联络》1927年5月2日，(台北)“国史馆”藏，蒋中正文物档案，002-020100-00014-006。

赴三江营巡弋，镇江北岸敌人与我海军炮击，即率舰前往，以遏渡江。”[①]北伐军渡江北进作战期间，海军重新布置沿江战线分段设防，“第一段上海到江阴，由第一舰队司令陈季良指挥；第二段由江阴至镇江，由练习舰队司令陈训泳指挥；第三段由镇江至南京，由第二舰队司令陈绍宽指挥。第二司令部即设在南京，调度舰艇，保卫京畿，并严防敌人之偷渡”，负责“一、防御敌舰。二、保卫首都。三、准备再战”的作战任务。[②] 同时，海军也有掩护陆军进攻，协同作战之责。如北伐军进攻长江下游北岸和县时，蒋介石致电杨树庄：“三十七军之第一、第三两师于十日渡江占垄杜家桥之线，十一日拂晓进攻和县。希与该军取联络，协同作战。”[③]再如，北伐军进攻扬州之时，蒋介石电杨树庄，要求海军率舰“到十二圩附近掩护”[④]。此段时间，海军“勇往直前，不敢稍懈”[⑤]的积极表现，获得了蒋介石的认可和赞赏。8 月 13 日，蒋致电海军总司令杨树庄、第二舰队司令陈绍宽，“此次海军各舰队，掩护陆军，防置逆敌，游弋上下，不惜牺牲，其奋斗勇进之精神，深堪钦敬”，并嘱托“死伤官兵除照例抚恤外，请详查其姓名履历，报告政府，俾得赠奖”[⑥]。而后爆发的龙潭战役[⑦]，海军“巡弋江面，与敌奋斗，”协同北伐第一、第七军，“击毙敌人万余，俘获官兵倍之，计旅长以上之伪军官数十员名，缴获大炮数十尊，步枪辎重无数”[⑧]，致使孙传芳部全线溃退。龙潭战役，海军英勇作战，实力尽显，威望大增。9 月 6 日，国民政府明令褒奖，厚于犒劳，“特派蒋委员作宾赴各该军部，代表慰劳，并拨五万元，分别犒赏，用昭奖励，并资激励”[⑨]。

---

① 《陈绍宽电蒋中正即派舰驰往镇江下游截击以遏敌军渡江》1927 年 5 月 3 日，(台北)“国史馆”藏，蒋中正文物档案，002-080200-00023-009。

② 国民革命军海军第二舰队编：《海军革命战史》，《海军期刊》1929 年第九期卷，第 7—8 页。

③ 《蒋中正电杨树庄第三十七军一三两师于十一日进攻和县希与该军连络协同作战》1927 年 5 月 10 日，(台北)“国史馆”藏，蒋中正文物档案，002-080200-00023-015。

④ 《蒋中正电杨树庄我十四师已占领十二圩请贵舰即到十二圩附近掩护》1927 年 5 月 22 日，(台北)“国史馆”藏，蒋中正文物档案，002-080200-00024-036。

⑤ 《海军革命事略》，《海军期刊》1928 年第 1 期，第 8 页。

⑥ 《蒋中正电杨树庄陈绍宽海军掩护陆军防制逆敌奋斗精神深堪钦敬》1927 年 8 月 13 日，(台北)“国史馆”藏，蒋中正文物档案，002-020100-00013-012。

⑦ 龙潭战役是 1927 年 8 月 25 日至 8 月 31 日，北伐军与孙传芳部在南京龙潭镇展开的大规模的军事战斗，是北伐战争最激烈、最具决定性的一场战役。北伐军此役英勇作战，战胜孙传芳部，扭转北伐走势和格局。参见李兆梅：《白崇禧与南京龙潭之役》，《档案与建设》2013 年第 9 期。

⑧ 《报告龙潭逆军经完全解决电》1927 年 8 月 31 日，157 页。

⑨ 国民革命军海军第二舰队编：《海军革命战史》，《海军期刊》1929 年第九期卷，第 11 页。

第四节　结语

“为我军所用”[①]是蒋介石拉拢闽系海军的总原则，为了使闽系尽早易帜，甚至不惜将福建拱手相让。对于闽系海军最为忌惮的“党代表制”，蒋介石除坚持海军必须设置党代表外，在至为关键的党代表人选上，蒋介石没有采用杨树庄“拟请委王允恭为海军党代表”[②]试探性建议，而是任命海军方面人物林知渊为“海军总司令部政治部主任兼海军党代表”[③]，以释海军诸将之疑。蒋介石在争取闽系海军易帜的谈判中，不仅解决了闽系人员名利、保证舰队安全和海军军饷等问题，使闽系海军免遭覆灭之虞，摆脱生存危机，而且进一步利用“闽人治闽”口号将福建省政交予闽系海军，承诺由闽系统一全国海军，为闽系海军提供一次千载难逢的发展契机。正是由于蒋介石的施恩能力远高于其他各派，奠定了闽系海军易帜特别是此后与蒋类似军事同盟合作之基础。然而仔细分析海军易帜条件，蒋介石仍对此有整体上的掌控与限制。以海军月饷为例，虽然其数额由杨树庄提出的 40 万元增加到最后的 50 万元，但却切断了之前闽系“以厦门为海军饷源”[④]的做法，使海军发展只能仰赖于蒋介石。易帜首月军饷实际发放数额仅为 35 万元[⑤]，此后更是经常拖欠，甚至存在发放机构不明的尴尬境地。[⑥] 这些都极大地限制了海军的发展空间，成为此后闽系与蒋介石矛盾之源。

---

① 《蒋总司令为联络长江海军电》，载中国国民党党史史料编纂委员会编《革命文献》第 13 辑，(台北)正中书局 1956 年版，第 394 页，总 2170 页。

② 《李济深电蒋中正海军统一事请予便利代表暂不离沪委杨树庄等职务》1926 年 12 月 18 日，(台北)“国史馆”藏，蒋中正文物档案，002 - 020100 - 00011 - 013。

③ 中国人民政治协商会议福建省委员会文史资料委员会编：《政坛浮生录——林知渊自述》，《福建文史资料》第 22 辑，福建人民出版社 1989 年版，第 15—17 页。

④ 《蒋中正电张人杰等对海军应速加入国府委杨树庄为委员等项有所指示》1926 年 12 月 10 日，(台北)“国史馆”藏，蒋中正文物档案，002 - 020100 - 00011 - 010。

⑤ 《蒋中正电杨树庄三楚舰队已到浔将由我军指挥及恭贺就职并已由陈其采负责拨发饷项》1927 年 3 月 16 日，(台北)“国史馆”藏，蒋中正文物档案，002 - 090101 - 00002 - 200。

⑥ 《俞飞鹏电询蒋中正海军每月经费应在何处领取》1927 年 4 月 27 日，(台北)“国史馆”藏，蒋中正文物档案，002 - 080200 - 00022 - 045。

闽系海军归附国民革命军，归附蒋介石，无疑增强了北伐军的军事实力，加快了北伐的进程。那么归附革命军对闽系海军的发展有何影响？笔者以为至少有以下几个方面。

第一，闽系的“中央海军”地位得以在新政权下保留。闽系海军在北伐中归附既不是出于对北洋军阀政治的痛恨，更不是对国民革命的向往，而是在革命风暴下保存自身实力并以此为筹码进而谋求更大利益的政治交易。闽系归附对象选择革命军中的军事实力派蒋介石，与其历次选择如出一辙。正如李世甲所评价，闽系“重于实利主义”在各派斗争中“一唯权势是瞻”。[①] 因而，蒋介石建立南京国民政府后，以闽系为海军主力，海军军政机构——海军部仍由闽系控制。闽系海军从北京政府的“中央海军”转变为南京国民政府的“中央海军”。

第二，闽系海军的发展瓶颈：非蒋嫡系的中央海军。纵观闽系归附的整个过程，更像是两个军事集团之间的结盟，只是闽系是为生存而被迫结盟。归附后，闽系虽被称之为“中央海军”，但绝非蒋的嫡系部队。从海军中设“党代表”一事可以看出，闽系极其担心外来势力介入。闽系在归附过程中，蒋只是通过政治交易实现了为己所用，并未能真正控制这支军队，因而，蒋在建立政权后，并不会放手支持闽系海军发展壮大。20 世纪 30 年代，闽系统一海军失败的根源，此时已经显现。

第三，闽系海军军饷来源失去保障。闽系依附北京政府时期，虽名为中央海军，但军饷来源并不能保障，1924 年闽系夺取厦门的动因正是解决军饷来源问题。厦门税收成为闽系海军的主要军饷来源之一。但在与蒋达成的协议中，闽系失去了这一来源，而蒋介石许诺的由中央支付的每月 50 万元成为闽系海军军饷的唯一来源。在当时战争时期，这样的许诺并不能保证海军军饷。事实上，海军军饷经常拖欠。

第四，陈绍宽逐渐得到重用。以南京为首都建立国民政府的蒋介石与驻泊在南京的闽系海军第二舰队司令陈绍宽，由于机缘巧合，受到蒋的赏识。据闽系海军人物曾国晟回忆，两人的第一次见面是在闽系归附后，

① 李世甲：《我在旧海军亲历记》，载中国人民政治协商会议福建省委员会文史资料编辑室编《福建文史资料》(选辑)第一辑，福建人民出版社 1962 年版，第 40 页。

“楚同”舰驶经通州时，陈绍宽登舰谒蒋，“蒋见陈仪表端正，态度恭良，颇有属意”[1]。此后，陈绍宽助蒋介石攻打孙传芳、西征讨伐唐生智，逐渐得到蒋介石的重用。

---

① 曾国晟：《海军大学风潮见闻》，载文闻编《旧中国海军秘档》，中国文史出版社 2006 年版，第 220 页—221 页。

第四章

闽系统一海军的尝试（1928—1936）

北伐期间,闽系海军归附于南京国民政府。北伐完成后,闽系海军为维护自身利益,扩大政治影响力,力争政府设立海军部,并掌握着海军部及附属机构人事安排权力。闽系海军在实现设部愿景后,继续以中央海军的姿态进行统一海军各项举措。但闽系海军的行为措施引起了闽系之外的青岛系、广东系海军各舰队的忌惮,也与蒋介石统一海军的真实想法不相符合,终未能如愿统一海军。但究竟闽系在统一海军的尝试中,作了哪些努力?有哪些部署?又有哪些互动和博弈?本章拟就上述问题作一些梳理和分析。

第一节　海军设部之争

一、国民政府海军部的设立

北伐期间,国民革命军所设机构并无"海军部",这是因为广州国民政府所掌握的海军力量仅限于温树德叛逃北上后所留下海军仅"飞鹰""永丰""舞风""甘泉"等舰。由于该部分海军实力弱小,未能随军北伐,而是留在了广东,原海军局改为军事委员会下辖的海军处。

闽系海军归附后,蒋介石按照闽系归附前的编制,设国民革命军海军总司令部,以杨树庄为国民革命军海军总司令。但与北京政府时期的海军组织结构差异在于"北洋海军既有海军部作为军政机关,又有海军总司令作为指挥机关,为军政、军令并存局面;而南京国民政府初期未设海军军政机关,海军军政由海军总司令部负责办理”[①]。由于是否设立海军部事关整个海军的地位和闽系实力的壮大，因而，杨树庄、陈绍宽、陈季良等闽系人物力主设立由闽系控制的海军部。

闽系在倒戈时并未将“设立由闽系主导的海军部”作为归附条件之一，加之蒋介石还远远未能完全控制闽系海军，且手中缺少制衡闽系的力量，故而对蒋介石来说确无设立海军部之必要。1927 年 4 月，南京国民政府通过《国民政府军事委员会组织大纲》，规定在军委会下设海军处，但闽系追求的是权力更大的海军部，对设立海军处并不理睬。直到 1928 年 11 月军委会撤销，海军处也未能成立。

北伐完成后，蒋介石于 1928 年 6 月提出组织编遣委员会，实行裁兵。在 8 月召开的国民党二届五中全会上，通过了《军事整理方案》，其中明确规定“取消海军总司令部，另于行政院所属之军政部下设海军署”[②]，以陈绍宽为海军署长。“海军署以民国十七年十二月一日（1928 年 12 月 1 日）成立。原定组织为总务处与军衡、军务、舰械、教育、海政五司……实际组织，总务处成立文书、管理两科，军务司成立军事一科，海政司成立警备一科。”[③]

虽然海军署成立并在事实上得以运行，但杨树庄、陈绍宽对仅为军政部下属机构的海军署并不满意，仍希望“扩署为部”。海军署刚成立，署长陈绍宽即连续发表《谈海军有设部的必要》《世界上有不要海军的国家么?》，指出“所以要是想着建设海军，而先没有个健全独立的机关，对内先感着统驭的不便，对外又失去国际的尊严，自然也没有发挥的能力了！所以各国的海军和陆军，都分别设部，处于并立相对的地位”，“所以海军的体制和组织，却不能不参照别个的海国啊！”[④]同时强调海军对国家的作用，认为“国家要是没有海军，简直不能立国”[⑤]。

---

① 高晓星：《南京政府“统一”全国海军及其军事行动》，《军事历史研究》1993 年第 1 期。

② 刘维开：《编遣会议的实施与影响》，商务印书馆（台北）1989 年版，第 70—71 页，转引自张力著，《航向中央：闽系海军的发展与蜕变》，载（台北）《中国民国史专题论文集第五届讨论会》“国史馆”2000 年 10 月印行，第 1565 页。

③《在海军部成立一周年纪念会上的训词》1930 年 6 月 1 日，载高晓星编《陈绍宽文集》，海潮出版社 1994 年版，第 38 页。

④ 陈绍宽：《谈海军有设部的必要》，原载《海军期刊》第一卷七期，见高晓星编《陈绍宽文集》，海潮出版社 1994 年版，第 3 页。

⑤ 陈绍宽：《世界上有不要海军的国家么?》，原载《海军期刊》第一卷七期，见高晓星编《陈绍宽文集》，海潮出版社 1994 年版，第 6 页。

与此同时,杨树庄向编遣委员会提交了《请设海军专部案》,指出必须设立海军部的理由[①]。

1929年1月22日,编遣会第五次会议上海军所提交的各项建设提案均未获得通过,海军设部无望,海军署署长陈绍宽与第一舰队司令陈季良同时辞职,陈绍宽在《致军政部冯(玉祥)部长电》中无奈地表示"海军在今之日,皆已认为无足轻重,而坐视其自生自灭,军不其为军。纵设属而置之长,亦不过埋首几案,画诺签名,等于京曹散秩之虚縻廪粟"[②]。在蒋介石一再挽留并对发展海军作了某些许诺之后,二陈才打消辞意想法,回任视事。但海军设部问题并没有解决。

转机出现在1929年发生的蒋桂战争。1929年3月,国民政府下令讨伐桂系,蒋桂战争爆发。3月29日,第二舰队司令陈绍宽亲率楚有、咸宁两舰护送蒋介石开赴前线,陈绍宽亦到前线指挥。闽系海军在协助蒋军战胜桂系中贡献卓著,"蒋总司令鉴于此次海军将士努力杀敌,特赏洋五万元慰劳我军前敌各舰将士"[③],"蒋介石感到,海军在拥护南京政权上是积极坚决的,这支力量大可利用……答应成立海军部"[④],国民政府乃于4月12日命令设立海军部。军政部之下的海军署则告撤销。1929年6月1日,南京国民政府海军部在南京正式成立。[⑤]

为何闽系极力要求设立海军部?海军署属于军政部,军政部拥有海军军政权,军委会掌握海军军令权。蒋介石如此安排,使海军署既无军政权,亦无军令权,实际上削夺了闽系海军的所有大权。"扩署为部"后,海军部直隶行政院,闽系海军拥有海军军政权。因而,海军设部之争实质上是闽系与蒋介石对海军军权之争。

---

① 关于杨树庄所列必须设立海军部的具体理由,高晓星在《南京政府"统一"全国海军及其军事行动》一文中有详细的论述,详见《军事历史研究》1993年第1期。

②《辞第二舰队司令兼海军署署长(1929年1月22日)致军政部冯(玉祥)部长电》,原载1929年1月25日《申报》,载高晓星编《陈绍宽文集》,海潮出版社1994年版,第9页。

③《一年来海军工作之实记及训政时期之规划》(1930年11月),原载《海军期刊》第二卷五期,见高晓星编《陈绍宽文集》,海潮出版社1994年版,第49页。

④ 陈书麟:《陈绍宽与近代中国海军》,海洋出版社1989年版,第35页。

⑤ 海军部编《海军大事记》(1912—1941),载杨志本等编《中华民国海军史料》,海军出版社1987年版,第1079页。

二、海军部及其附属机构人员的构成

海军部是闽系以参加伐桂战争为代价换来的，闽系自然占据了海军部的主要领导职位，这也是蒋介石对闽系的妥协与嘉奖。海军部成立后，蒋介石任命杨树庄为海军部长、陈绍宽为政务次长、陈季良为常务次长①。

1930 年 2 月 4 日公布的《海军部组织法》第四条规定海军部设下列各司处：总务厅、军衡司、军务司、船政司、军学司、军械司、海政司、军需司②。实设机构，除“参事、秘书、副官各办公室外，总务厅成立文书、管理、统计、交际四科，军衡司成立铨叙、典制、恤赏、军法四科，军务司成立军事、医务、军港、运输四科，船政司成立机务、材料、修造、士兵四科，军械司成立兵器、设备、保管、检验四科，海政司成立设计、测绘、警备、海事四科，经理处成立总务、会记、审核三科”③。1934 年 10 月，海军部原经理处改为军需司，原来三科扩充为四科，即会记、储备、营缮、审核四科。

海军部所辖机构有海军各舰队司令部、各地要港司令部、海军陆战队、海军学校、各地造船所、闽夏要港、海道测量局、海岸巡防处、引水传习所、海军编译处、航空处、军械处、练营、水鱼雷营、陆战队补充营、监狱、各地海军医院、养病所、观象台、报警台、电台、煤栈等④。

以上为国民政府海军部的所有内设机构及其附属机构，那么它的人员构成是怎么样的呢？据刘传标先生所著《中国近代海军职官表》中《南京国民政府海军部》职官表及《南京国民政府舰艇部队职官表》所列名单⑤，闽系人员占

① 1930 年 2 月 4 日公布的《海军部组织法》，规定“海军部政务次长、常务次长辅佐部长处理部务”，见中国第二历史档案馆编《中华民国史档案资料汇编》第五辑第一编《军事(一)》，江苏古籍出版社 1991 年版，第 72 页。

② 中国第二历史档案馆编：《中华民国史档案资料汇编》第五辑第一编《军事(一)》，江苏古籍出版社 1991 年版，第 68 页。

③《一年来海军工作之实记及训政时期之规划》(1930 年 11 月)，原载《海军期刊》第二卷五期，见高晓星编《陈绍宽文集》，海潮出版社 1994 年版，第 44 页。

④《海军讲话》1942 年 6 月 2 日，载高晓星编，《陈绍宽文集》，海潮出版社 1994 年版，第 295 页；并见《海军系统表》，中国第二历史档案馆编：《中华民国史档案资料汇编》，第五辑第一编《军事(一)》，江苏古籍出版社 1991 年版，第 74—75 页。

⑤ 刘传标编纂：《中国近代海军职官表》，福建人民出版社 2004 年版，第 171—199 页。

了绝大多数。"1932 年统计之中央海军人员共 9 086 人,其中福建籍共 6 414 人,占 70.59%"[①]。闽系在控制海军部后,自然就成为南京国民政府的"中央海军"。

三、国民政府其他机关对海军部权力的制衡

北京政府时期,海军军政、军令分属于海军部、海军总司令部。1927 年,闽系以海军总司令部及其下辖的各舰队归附国民革命军,蒋介石仅更换为"国民革命军海军总司令部",并未设立新的海军军政机构,海军总司令部实际同时负责军政、军令事务。1928 年 12 月成立的海军署并未对此作出改变,由于海军署属于军政机构,海军署的设立实际上是为撤销海军总司令部做准备。1929 年 2 月 22 日,国民政府国务会议决定:海军总司令部于 3 月 15 日前撤销,同时成立海军编遣办事处,负责全国海军的编遣工作。

经过以上的机构设置变动,掌管海军军令的海军总司令部被撤销,到 6 月 1 日,海军部正式成立后,海军部仅负责海军军政。1930 年 2 月 4 日公布的《海军部组织法》,规定了海军部的隶属关系及其权限:

> 第一条　海军部直隶于国民政府行政院,管理全国海军行政事务。
>
> 第二条　海军部对于各地方最高级行政长官执行本部主管事务有指示监督之责。
>
> 第三条　海军部就主管事务对于各地方最高级行政长官之命令或处分,认为有违背或逾越权限者,得请行政院院长提经国务会议议决后,停止或撤销之。[②]

① Chao-ying Shih & Chi-hsien Chang eds., *The Chinese Year Book*, 1936 - 37, pp. 971 - 972.,转引自张力著《航向中央:闽系海军的发展与蜕变》,载(台北)《中国民国史专题论文集第五届讨论会》"国史馆"2000 年 10 月印行,第 1568 页。

② 《海军部组织法》,中国第二历史档案馆编:《中华民国史档案资料汇编》,第五辑第一编《军事(一)》,江苏古籍出版社 1991 年版,第 68 页。

由直隶军政部改为直隶行政院，海军署在扩署为部过程中，地位提高，与军政部平行。

北洋政府时期闽系集团同时控制着分掌海军军政、军令的海军部与海军总司令部，闽系高层人员可以在两部门之间流动。南京国民政府海军部成立以后，闽系所能控制的仅有海军军政权，军令权则被收归中央。除了北洋政府与南京国民政府因体制不同而在海军部门设置上的差异外，实际上则反映了闽系海军在中央部门权力的收窄。

那么，南京国民政府时期究竟是谁掌控了海军军令权？1942 年 6 月，陈绍宽在一次海军讲话中给出了答案："海军部直隶于行政院，掌理全国海军行政事宜；海军军令部分则隶属于军事委员会。"①而根据 1932 年 3 月 11 日国民政府公布的《国民政府军事委员会暂行组织大纲》规定，"国民政府军事委员会直隶国民政府，为全国军事最高机关"，"关于军令事项，由委员长负责执行"。因此，长期担任国民政府军事委员会委员长的蒋介石掌控着海军军令。

闽系虽名为"中央海军"，但由于不是蒋介石的嫡系，因而，蒋介石在政府部门权限设置上对海军部多有限制，以期达到对闽系海军部的制衡。

一是军政部。虽然海军部在地位上与军政部平行并同隶属于行政院，但毕竟海军部的前身海军署隶属过军政部，因而"海军部虽与军政部地位平行，但经费预算和弹药配补仍由军政部掌握"②。

二是参谋本部。1932 年 9 月 26 日国民政府公布《参谋本部组织法》规定"参谋本部直隶于国民政府，掌理国防及用兵事宜"，"参谋总长综理部务，统辖全国参谋人员、陆海空军大学校、测量总局及驻外武官"③。

三是训练总监部。据 1933 年 3 月公布的《训练总监部组织法》，直隶于国民政府的"训练总监部掌管全国军队教育及所辖学校教育并国民军事教育事宜"，"训练总监对于全国各军队主管教育长官关于教育上有直接指挥监督之权。"④

---

① 《海军讲话》1942 年 6 月 2 日，载高晓星编，《陈绍宽文集》，海潮出版社 1994 年版，第 294—295 页。

② 1929 年 7 月 9 日《新闻报》，转引自张力著《航向中央：闽系海军的发展与蜕变》，载（台北）《中国民国史专题论文集第五届讨论会》2000 年 10 月"国史馆"印行，第 1567 页。

③ 《参谋本部组织法》，中国第二历史档案馆编：《中华民国史档案资料汇编》，第五辑第一编《军事（一）》，江苏古籍出版社 1991 年版，第 48 页。

④ 《训练总监部组织法》，中国第二历史档案馆编：《中华民国史档案资料汇编》，第五辑第一编《军事（一）》，江苏古籍出版社 1991 年版，第 61 页。

由上可知,参谋本部掌控全国陆海空军最高学府的统辖权,训练总监部掌管全国军队普通教育之权,海军部的军政权受到了很大的限制。

北京政府原设海军部、海军总司令部分掌海军军令权、军政权,此段时间海军部与海军总司令部均为闽系所控制,因而闽系实际上掌握着北京政府的海军军令权与军政权。南京国民政府成立后,由军事委员会掌握海军军令权,以海军总司令部名义归附国民革命的闽系仅掌握海军军政权。北伐完成后,蒋介石为统一海军军令、军政权,设海军署,隶属于军政部,同时取消海军总司令部。闽系海军为保持自身独立性,力争设立海军部。海军设部之争实质上是闽系与蒋介石对海军军政权的争夺。争夺的结果,一方面是闽系得以实现"扩署为部",从海军部及其附属机构的人员构成上也可以看出,海军部为闽系海军的天下;但另一方面,蒋介石取消海军司令部,实行军委会、海军部分掌海军军令权、军政权的新举措,从体制上根本改变了闽系独掌海军大权的局面。即使对由闽系控制掌管海军军政权的海军部,蒋介石亦从国民政府其他机构的权力设置上对其进行制衡。海军权力分配的新格局直接影响了接下来海军的统一。因闽系海军实现了设部的愿景,接下来闽系仍以中央海军的姿态着手进行统一海军的举措。

第二节 统一东北海军、广东海军的尝试

一、海军部、参谋本部统一海军舰队的各自方案

南京国民政府成立后,围绕统一海军问题,政府内部产生两种不同意见,并分别形成各自的方案。(一)海军部提出的统一方案,方案所代表的是闽系海军的想法与意见,又以海军部长陈绍宽最为积极。(二)军事委员会及参谋本部提出的统一方案,体现了军委会委员长蒋介石对统一海军的构想。这里所谓的"统一海军",主要是指统一海军各派系(闽系、青岛系、广东系)的军政、军令大权,削弱其赖以生存的经济基础与所控制的军事实力,使海军各派

系统一由中央管理。

1929年2月召开的编遣海军会议是军委会统一海军的最初尝试。蒋介石召开此次会议的目的恰如闽系李世甲所指出：通过编遣将“这些舰队的军政权统属军政部，隶属军令权统归军事委员会，这样就达到了他控制各系海军的目的”[1]。2月5日，国民政府依1月22日国军编遣会议第五次大会决议，撤销海军总司令部，设立海军编遣办事处。3月16日，海军编遣办事处成立，负责全国海军编遣工作。据3月6日公布的《海军编遣办事处条例》，以杨树庄为海军编遣办事处主任委员，副主任委员由闽系、东北系、广东系海军的代表组成。海军编遣并未取得实际效果，仅从名义上对各派系所辖舰队进行整合，具体为：“原有第一、第二舰队编为第一、第二舰队，渤海舰队改为第三舰队，广东各舰队改为第四舰队，统归编遣委员会管辖，由编遣海军办事处分别编遣”[2]。

闽系原希望海军设部并通过海军部统一海军各派系的想法与蒋介石召开海军编遣会议的初衷背道而驰，因而闽系对海军编遣事务并不热心，而是把更多的精力放在海军设部上。1929年4月，蒋介石同意设立海军部后，海军编遣一事，实际上也不了了之。军委会的统一海军方案遭遇挫折。

闽系对统一海军有自己的主张和方案。闽系掌控的海军总司令部及海军部“向中央建议过多次扩充海军的计划。中央以每月拨饷，已经很是困难，更无余力以谋扩充，于是诸多计划，均是未能实现。[3]”尽管闽系发展海军的计划没有得到蒋介石的大力扶持，但在闽系的努力下，截至1932年，闽系海军仍取得了令人欣慰的发展。

除国外由日本播磨造船厂建造的“宁海”舰，排水量2400吨，国内各舰主要由江南造船厂建造，详情如表4-1所示：

---

① 李世甲：《我在旧海军亲历记(续)》，《福建文史资料》第八辑：《海军史料专辑》，中国人民政治协商会议福建省委员会文史资料研究委员会编，福建人民出版社1984年版，第14页。

② 中国社会科学院近代史研究所中华民国史研究室：《中华民国史资料丛稿大事记》第十五辑，中华书局1985年版，第23页。

③《在海军部成立三周年纪念会上的开会词》，原载《海军部成立三周年纪念特刊》，见高晓星编《陈绍宽文集》，海潮出版社1994年版，第88页。

表 4-1　1927—1932 年江南造船厂为中央海军建造 200 吨位以上舰艇一览表

舰名	制造年份	型　式	排水量(吨)
咸宁	1928 年	双螺旋蒸汽机钢质浅水炮舰	411
永绥	1928 年	双螺旋蒸汽机钢质浅水炮舰	617
民权	1928 年	双螺旋蒸汽机钢质浅水炮舰	462
逸仙	1929 年	双螺旋蒸汽机钢质航舰	1 545
民生	1930 年	双螺旋蒸汽机钢质浅水炮舰	505
江宁	1932 年	单螺旋蒸汽机钢质巡逻艇	260
海宁	1932 年	单螺旋蒸汽机钢质巡逻艇	260

资料来源:《江南造船厂厂史(1865—1949.5)》,上海社会科学院经济研究所,江苏人民出版社 1983 年版,第 189 页。

在这样一种发展势头的鼓舞下,1932 年 6 月 2 日,陈绍宽借助于海军部成立 3 周年之际,呈请蒋介石,提出了海军部统一海军的具体方案:

窃查我国海军自民六分裂以来,迄今十余年载,间又分为南北中三部分。统计此三部分之海军,尚不及英美海军数十分之一,而彼此各树一方,机关重复,不独与政府之体统攸关,且军需虚耗,于国家经济上亦有影响。方今国难当前,举国一致对外,政府正力谋全国军政之统一,惟南北海军因与当地军政长官自相联络,饷糈不由政府发给,以致情形隔阂,未能听命于中央。

钧座执政以来,涵纳万象,众望咸归,各方多以拥护中央,正宜趁此时机,实施统一海军计划。风声所树,壁垒丕新,使十余年来分裂之海军及时实现整一之精神,殊足为民国历史上开一新纪元也。兹谨就管见所及缕陈如下:

一、东北海军分为江防、海防两舰队。江防舰队本屯驻于黑龙江,前年曾被俄军击伤,残破不充,近以东北事变发生,又被日军没收,暂可无须讨论。所存者仅有海防舰队,常驻于青岛及其附近之崂山湾等处,向由沈鸿烈指挥,直接归张学良主任节制。近以东省被暴日占据,军饷遂失接济,故由沈求长青岛市,从中增加捐税,以充该舰队经费之用。但至今尚未有挂青天白日旗。前所悬之五色旗，因受东西各国诘问，始行卸下，而对中央政府命令仍未接受，以致海军统一前途动形障碍。然该舰队原系中央海军之一部，将来若能统一，似宜令各舰乃归原队，照章一律待遇操作，并受海军部节制指挥，以免系统混淆，贻笑外国。至沈鸿烈已兼青岛市长，统一之后，或以之专任该市长，或调任中央军政机关官吏，或派充海军部高级军官，悉听钧座核夺，其余员兵则可照旧服务。惟实行统一时，必须全舰队由海军部调遣来宁，勿俾再据北方，利用中央名义，虚袭统一之形式。北方防务按照沿江沿海各省办法，由海军部酌察情形，随时派舰巡防。

二、广东海军规模甚小，其原属于中央海军者，仅中山、飞鹰、舞风、福安四艘，此外新旧小船均系粤省自备船只凑合。改编统一后，可将中山等四舰调还中央由海军部节制指挥，归还原队，所有待遇及操作，悉照海军定章一律办理。陈策拟请委以粤省职务，或中央军政机关官吏，或调充海军部相当员缺，届时若何位置恭候钧座酌定。其余各舰仍请留粤，编为水警。

三、川省督办刘湘近在沪建造军舰两艘，并改造一舰，业已编列舰队，挂海军旗，以致欧美各国人员见而疑诧，多向海军部查询政府另设一海军之缘由。本部无词可答。该项舰队似宜令其取消，或改挂该省水警旗以示区别。因海军旗帜须通知外国，且代表政府，关系綦巨，不得任意冒用，致淆惑视听也。

以上所称均属统一海军之要图，敬乞俯赐采纳，早予施行，海军幸甚，党国幸甚。①

该方案的实质在于将全国海军军政归于海军部统一管理。从中也可以看出闽系统一海军舰队的思路是从收归东北、广东海军中原属闽系的大型舰艇入手，削弱其整体实力，进而实现统一。这在此后闽系统一海军的具体行

① 《函陈统一海军计划案》1932 年 6 月 2 日，第二历史档案馆藏，载高晓星编《陈绍宽文集》，海潮出版社 1994 年版，第 92—93 页。原件并无呈请对象，但根据内容，此件应为呈送蒋介石。

动中表现的极为明显。

实际上，相较于其他海军派系，闽系海军的最大优势在于拥有实力最强的海军舰艇和数量最多的海军人才。据《申报年鉴》统计，1932 年年底，全国海军约 58 358 吨，闽系海军 38 921 吨，东北海军 16 577 吨，广东海军 2 860 吨[①]，3 支派系各占 66.7%、28.4%、4.9%，闽系海军实力相当于东北海军与广东海军实力之和的两倍之多。海军人才方面，陈绍宽曾公开谈到，“全国海军人员，中央舰队共九千余、东北舰队二千余、广东舰队只千余”[②]。

因此，闽系统一全国海军军政的思路，即是发挥其绝对优势，从统一全国海军舰艇着手。主要途径为：其一，利用有限经费，建造新舰，增强实力。至抗战前，“海军部(历)年来建造订造之舰艇计有平海、宁海巡洋舰，逸仙、永绥、民权、民生、咸宁等炮舰，十宁等浅水炮舰”[③]。据笔者统计，上述 17 艘新舰的吨位数为 11 680 吨，占 1935 年闽系海军总舰艇吨数的 26.5%。[④] 其二，利用其他派系战乱之际，派军舰收容出逃军舰。但由于海军部职权仅限海军军政部分，故而该方案对海军军令并未涉及。陈绍宽以中央海军部的名义欲统一闽系之外的青岛系、广东系海军各舰队，希望原从闽系分裂出去的各舰仍归闽系，而对于青岛系、广东系海军实际掌权者沈鸿烈、陈策另由蒋介石安排。这样一个扩充闽系实力，削弱青岛系、广东系海军的做法，与蒋介石统一海军的真实想法不符，其结果也是蒋介石所不愿看到的，并且在实施中必会受到沈鸿烈、陈策等实力派的强烈反对，甚至会引起叛乱事件，因而该方案呈请后就石沉大海，被蒋介石束之高阁。

第二个方案是参谋本部提出的。1934 年参谋本部呈请军事委员会的《国防计划海军部分》中的“统一海军计划”则体现了蒋介石统一海军的新思路。

---

① 《海军各舰艇船身概况统计表》《海军第三舰队各舰概况表》《粤海舰队》，见申报年鉴社编《申报年鉴(民国二十三年)》，申报年鉴社 1934 年 4 月刊行，第 404—409 页。《申报年鉴》在统计广东海军舰艇时，仅统计“出海大舰”，未计算江防小舰及运输舰。

② 《陈绍宽谈话》，1932 年 6 月 23 日《申报》。

③ 《海军部向国防会议秘书处函送历来重要工作及现状择要报告》，中国第二历史档案馆藏，国防部史政局和战史编纂委员会档案，787/2036。

④ 《抗战前海军原有舰艇吨位武装及舰艇长姓名一览表》，中国第二历史档案馆藏，国防部史政局和战史编纂委员会档案，787/16825。

海军不统一，不但失国家统一之实，而且贻军事上作战之灾。兹列统一计划如下：

一、海军军令权归于最高军事机关而统一之。是即将广东海军之指挥权自第一集团之手、青岛海军之指挥权自北平军事委员会分会之手、将长江海军之指挥权自海军部之手，悉移而置之于军事委员会委员长之下。

二、海军军衡由军事最高机关统一办理。是即将广东、青岛及海军部所属之海军人员之进退，由军事委员会铨叙厅统一办理。

三、海军军需由军事最高机关统一办理。是即由军事委员会遴选会计长，经由主记处呈请任命，常驻海军部，统一办理广东、青岛及海军部所属海军之军需事项。

四、海军教育处海军大学归参谋本部办理外，其余一切海军教育机关悉归训练总监部办理；训练总监部之组织法有海军监之规定；是即将黄埔海军学校、马尾海军学校、威海卫海军学校及镇江电雷学校，悉由训练总监部统一办理，而附设于中央军官学校之内。①

参谋本部所提统一海军方案的着眼点与海军部不同。参谋本部考虑到海军军政权掌握在海军部(闽系控制)、青岛系、广东系各派手中，因而巧妙地绕开海军军政不谈，从海军军令、海军军衡、海军军需、海军教育等方面谋求海军统一。这既与海军部从统一海军军政出发提出的统一海军方案有别，又和1929年海军编遣会议蒋介石同时将海军军政权、军令权置于中央的设想有异，体现了参谋本部更为务实的统一海军的新思路。

---

① 《海军战时充实计划草案及国防计划海军部分》第六节《海军统一计划》，中国第二历史档案馆藏，全宗七八七(国防部史政局及战史编纂委员会)，案卷号2081。该件原文并无作者单位，台湾地区学者张力在其著《航向中央：闽系海军的发展与蜕变》中认为是海军部所呈，笔者不认同此说。笔者认为此文件应为参谋本部所呈：其一该文件计划将海军各项权利包括海军部之长江指挥权、军衡权收归中央，实为削弱海军部权利，明显对海军部不利，并与两年前海军部长陈绍宽所呈《函陈统一海军计划案》(1932年6月2日)背道而驰，作者单位不可能为海军部；其二，笔者在第二历史档案馆查抄资料时，发现全宗号七八七案卷号2129《海军国防计划草案及改订海军作战计划草案》中的《统一海军计划》内容与该文件如此一辙，而署名为“参谋本部第一厅第四处处长朱伟拟”，而根据参谋本部职权范围，可断定此文件为参谋本部所呈。

该方案计划削弱海军部各项权利，计有长江海军之指挥权、海军部所属之海军人员任命权、海军部所属海军之军需权、马尾海军学校之海军教育权。由于海军部由闽系掌控，削弱海军部之任何权利即为削弱闽系之海军权利，自然会受到闽系海军的强烈抵制，因而该方案亦未能实施。

二、闽系统一海军的具体行动

国民政府成立后，闽系统一海军的行动主要是针对东北海军。其原因之一在于东北海军是闽系之外实力最强的一支海军，是闽系统一海军各舰队的主要对手。而更为重要的原因是东北海军的主力舰“海圻”“海琛”“肇和”等舰是1917年程璧光南下广州护法时从中央海军中分裂出去的，收回此3艘当时最先进的舰艇是闽系将领的夙愿。陈绍宽在1932年6月2日《函陈统一海军计划案》所言“然该舰队(东北海军海防舰队)原系中央海军之一部，将来若能统一，似宜令各舰乃归原队，照章一律待遇操作”，即主要指此三舰。

然而在长达10余年的分裂期间，闽系海军与东北海军矛盾愈演愈烈。1922年4月下旬，护法舰队内部发生派系斗争。时任鱼雷局局长的温树德(山东籍)等人武力驱逐了护法舰队中的闽人。“这些被驱逐的闽人，后来仍由中央海军加以收容。”[①]次年，温树德率领护法舰队主力舰北上投靠直系吴佩孚，组建渤海舰队，而渤海舰队后来构成了东北海军的海防舰队主力。由此，1922年被驱逐的闽系士兵对东北海军恨之入骨。

闽系海军倒戈后，东北海军司令沈鸿烈派东北海防舰队主力舰“海圻”“镇海”于1927年4月，秘密南下夜袭闽系海军“海筹”“应瑞”等舰，并掠走“江利”炮舰，进一步激化了两者之间矛盾，以至于陈季良致电谴责沈鸿烈“此次偷袭之举，非大丈夫光明磊落行为，君子鄙之，果敢一决胜负，请倾君所有舰队，愿在海上相与周旋”[②]。两派矛盾已激化到高层。

① 陈书麟、陈贞寿编著：《中华民国海军通史》，海潮出版社1993年版，第134页。

② 李世甲：《我在旧海军亲历记(续)》，载中国人民政治协商会议福建省委员会文史资料研究委员会编《福建文史资料》第八辑：《海军史料专辑》，福建人民出版社1984年版，第4页。1919—1920年，陈季良与沈鸿烈同在吉黑江防舰队任职。

1928年底,张学良宣布东北易帜,归附南京国民政府。提前近两年归附的闽系认为统一东北海军的时机已到。东北易帜后,东北海军内部对于是否与闽系海军合并亦有不同意见。一种意见认为:应突破现有局限性,把中国海军力量集中起来,使中国海军得到迅速发展,为多数军官提升开辟广阔道路;同时海军乘机掌握中央海军部,执中国海军之牛耳,因此极力主张与福建系海军合并。持此意见者多为原渤海舰队官兵。但以沈鸿烈为首原东北海军高级将领“担心东北海军被国民党海军吃掉,极力主张维持现状,反对与福建系海军合并”①。由于沈鸿烈等人直接掌握东北海军,他的意见得到张学良的支持。东北海军最终决定保持独立性,拒绝与闽系合并。

其后,蒋介石到北平与张学良会晤,并电调陈绍宽前往研究海军统一问题。尽管蒋介石事前已答应陈绍宽在张学良易帜后的东北海军归海军署接管。但当张学良拒绝东北海军与闽系合并时,蒋介石只能对陈绍宽推翻此前的承诺:“海军统一问题,要等一个时期以后再议。”

事实上,蒋介石并不希望由闽系集团统一东北海军,与此相反,在接下来的海军编遣会议上采取统一海军军政、军令的措施来整合闽系、东北、广东海军,把东北海军改编为第三舰队,置于与闽系海军平行的地位。即使如此,实力与闽系相当且拥有一支江防舰队、两支海防舰队的东北海军不愿缩编为海军部下辖的第三舰队,拒绝接受“第三舰队”的番号。缺少蒋介石支持的闽系海军,欲吞并实力与己旗鼓相当的东北海军,也只好伺机而动了。

1929至1933年,东北海军接连发生巨大变动。先是1929年中东路事件爆发。东北海军江防舰队与苏联舰队在同江发生战斗,其主力舰“利绥”重伤,“利捷”“江安”沉没,“江亨”自沉②,经此同江之战,东北江防舰队实力损失大半。其后“九一八”事变,江防舰队残部投降日本,东北海军第一、第二舰队虽然没有受到损失,但在财源上却因“九一八”事变而受到很大影响。东三省陷落后,东北海军财源也随之断绝,进而引发一系列更为严重的事变。

---

① 张凤仁:《东北海军的分裂与两舰归还建制》,载中国人民政治协商会议辽宁省委员会文史资料研究委员会编《辽宁文史资料》第4辑,辽宁人民出版社1964年版,第40—41页。

②《东北海军》,见杨志本等编《中华民国海军史料》,海军出版社1987年版,第987页。

海军军饷向来依靠地方实力派军阀，这既是海军依附各地军阀的动因，也往往是其叛变的根源。东北海军财源断绝后，以副司令凌霄、“海圻”舰长方念祖、“海琛”舰长刘田甫为主的高级官员认为“海军要摆脱陆上军阀的控制，解决自己的财源问题，非夺取青岛为根据地不可”[①]，但该建议被沈鸿烈“以军人不参政为理由”拒绝。后凌霄等人也将沈鸿烈软禁，逼沈称病辞职。然而“扣沈”行为未能得到下层官兵的支持，以关继周为主的葫芦岛航警学校一期学生组织敢死队将沈鸿烈救出，一场事变即告结束。事后，救驾有功的葫芦岛一期学生均得到重用，掌握了舰上实权。

建设初期的东北海军，“上层官兵主要是沈鸿烈的留日同学，中下层以葫芦岛海校第一期毕业的同学为主”，“自从解决渤海舰队派以后，东北海军内部便分成葫芦岛派与渤海舰队派”。[②] 对此，沈鸿烈采取的手法是：“凡渤海舰队的旧人一律官复原职，并不时加以提升；对葫芦岛派的同学，一般都是安排在重要有实权的位置上。东北海军形成了官是渤海舰队的多，话是葫芦岛人说了算”[③]这样一个局面。崂山事变后，沈鸿烈因重用渤海舰队派董沐曾引起葫芦岛派的极大不满。为清除渤海舰队派势力，以关继周为主的葫芦岛派谋划兵谏。原计划趁沈鸿烈前往“镇海”舰训话之机，将沈劫往“海圻”舰，实行兵谏，清理渤海舰队派。

1933 年 6 月 24 日，往前劫沈的葫芦岛派人员冯志冲反而被沈鸿烈的部下逮捕。葫芦岛派的兵谏计划失败。当晚，沈鸿烈将冯志冲枪毙，其本意是“将冯处死以灭口，不想再追他人”[④]。然而在关继周等葫芦岛派看来，沈鸿烈在处理崂山事件时，把凌霄等人一律资送回籍，而对崂山事件有功的冯志冲竟处以灭口，激起关继周等人的强烈反对，最终导致他们率三大主力舰“海圻”“海琛”“肇和”出走，脱离东北海军。因南京闽系海军为东北海军死对头，

① 张凤仁：《东北海军的分裂与两舰归还建制》，载中国人民政治协商会议辽宁省委员会文史资料研究委员会编《辽宁文史资料》第 4 辑，辽宁人民出版社 1964 年版，第 43 页。

② 张凤仁：《东北海军的分裂与两舰归还建制》，载中国人民政治协商会议辽宁省委员会文史资料研究委员会编《辽宁文史资料》第 4 辑，辽宁人民出版社 1964 年版，第 48 页。

③ 张凤仁：《东北海军的分裂与两舰归还建制》，载中国人民政治协商会议辽宁省委员会文史资料研究委员会编《辽宁文史资料》第 4 辑，辽宁人民出版社 1964 年版，第 48 页。

④ 张凤仁：《东北海军的分裂与两舰归还建制》，载中国人民政治协商会议辽宁省委员会文史资料研究委员会编《辽宁文史资料》第 4 辑，辽宁人民出版社 1964 年版，第 50 页。

且广东海军中陈香圃等人为东北海军旧人，遂决定出走广东。7 月，三舰到达广州。

“海圻”“海琛”“肇和”出走后，东北海军实力极大削弱，被迫接受改编。7 月 5 日，军委会正式改组东北海军为第三舰队，谢刚哲被任命为第三舰队司令。但并未趁此良机将第三舰队收归海军部管辖，仍归军委会北平分会管辖。

广东海军是 3 支海军中实力最为薄弱的一支，1929 年海军编遣会议上，被改编为第四舰队，陈策任舰队司令。1932 年 5 月至 7 月间，陈济棠以武力接受广东海军。广东海军内部的变乱，为闽系提供了一次契机。

接收“中山”舰。6 月 30 日，“中山”舰舰长陈涤不愿搅入内战，遂率中山舰离粤北上，拟留厦门协助十九路军，7 月 4 日，被闽系第一舰队司令陈季良接收，以罗志通为舰长，正式编入第一舰队。7 月 31 日，海军部致电广东当局，要求粤方将原属第一舰队编制的“福安”“海瑞”两舰交还中央，其余小舰可由粤方接收。但广东当局亦表示“福安”“海瑞”万难交回中央，宁不要其他小舰，也不愿放弃一艘巨舰。后经各方协商，决定各舰仍留粤。闽系收编广东海军计划未获成功，仅获得“中山”舰。

“海圻”“海琛”“肇和”三大主力舰排水量之和约万吨①，而当时全国海军舰艇排水量之和也不过 6 万吨左右。故 1933 年 7 月，三舰南下投靠广东海军，使广东海军实力倍增。对于此三舰安排，陈济棠表面上编三舰为粤海舰队，任姜西园为舰队司令。但在实际上，陈济棠对三舰始终怀有戒心，想方设法予以控制。1935 年 4 月，陈济棠借姜西园呈请舰队人事调动之机，将三舰中握有实权的原东北海军人员明升暗降，调离三舰，改派亲信方念祖等人掌管三舰实权。不久“宣布取消粤海舰队司令部，即与江防舰队合并，由陈济棠自兼司令”，陈之亲信“张之英为常务副司令，掌管舰队，姜西园为政务副司令，实际只负责海校教育”②。然而，东北海军三舰中下层官兵并不甘心军舰被陈吞并，遂决心率舰离粤，发生了 1935 年 6 月的“黄埔事件”。由于当时“肇

① “海圻号”巡洋舰，清末订于英国阿姆斯特朗厂，排水量 4 300 吨；“海琛号”巡洋舰，清末订于德国伏耳铿厂，排水量 2 950 吨；“肇和号”巡洋舰，订于英国阿摩士庄厂，排水量 2 600 吨。

② 张凤仁：《东北海军的分裂与两舰归还建制》，载中国人民政治协商会议辽宁省委员会文史资料研究委员会编《辽宁文史资料》第 4 辑，辽宁人民出版社 1964 年版，第 56 页。

和”舰正在修理主机,未能离粤。

关于黄埔事件的经过,其亲历者、曾任“海琛”舰副长的张凤仁在其文《东北海军的分裂与两舰归还建制》中有翔实的回忆,此处不再赘述。笔者所关注的是“黄埔事件”发生后,闽系采取了什么样的措施以争取两舰归附。

“海圻”“海琛”两舰离开广东后,航向香港补充煤水。两舰行动的原定计划是“打出广东,到武汉找张学良”,[①]但在停泊期间,收到蒋介石从四川拍来的密电“两舰径驶首都候吾为要,一切问题均可解决”[②],遂决定北上投靠南京。

在得知“黄埔事件”后,海军部长陈绍宽即派陈季良率领“宁海”等主力舰前往接收。陈绍宽是自己下令还是奉令派舰前往接收?据中央社南京22日电文:“国民党中央自得陈济棠及逃舰报告后,即派现在海上演习的军舰前往监视,以免发生意外”[③],似乎是蒋介石的命令。

陈季良在香港与两舰代表关于如何北上开始交涉环节。陈先是要求“海圻”“海琛”两舰卸下并交出炮栓;两舰代表予以拒绝,但表示可以互换炮栓,并请陈改乘“海圻”,同回南京。在双方谈判相持阶段,陈又提出编队返京计划,置“海圻”“海琛”两舰于闽系舰队之间,且在射程之内;两舰代表则提出各舰并行,航距互为双方射程之内。双方谈判条件始终未能达成一致,遂使谈判陷入僵局。

两舰代表与陈谈判的同时,也派其他代表前往南京与蒋介石报告会谈过程,于是蒋介石委派军事委员会海军军令处长陈策赴香港接“海圻”“海琛”两舰北上。遂于7月12日,两舰顺利到达南京。

黄埔事件几乎涉及海军各派系,蒋介石为掌控“海圻”“海琛”两舰,平衡各派考虑,对两舰进行了较为谨慎的安排:名义上“圻”“琛”两舰仍归东北海军(第三舰队)统制,但在实际上直隶军政部,受军政部指挥。

---

① 时张学良任豫鄂皖“剿匪”总司令,见张凤仁《东北海军的分裂与两舰归还建制》,载中国人民政治协商会议辽宁省委员会文史资料研究委员会编《辽宁文史资料》第4辑,辽宁人民出版社1964年版,第58页。

② 张凤仁:《东北海军的分裂与两舰归还建制》,载中国人民政治协商会议辽宁省委员会文史资料研究委员会编《辽宁文史资料》第4辑,辽宁人民出版社1964年版,第60页。

③ 转引自陈书麟、陈贞寿编著《中华民国海军通史》,海潮出版社1993年版,第354页。

第三节　电雷学校：闽系统一海军的新障碍

一、蒋介石设立电雷学校

1932年，蒋介石在马尾海军学校、青岛海军学校、黄埔海军学校等3所正规海军学校之外另设电雷学校。

电雷学校设立的背景与“一·二八事变”有着直接的关系。1932年，上海爆发“一·二八”事变，驻扎于上海的闽系海军第一舰队消极避战，观望不前，致使日本舰队溯江直上，炮击南京下关，威胁南京。事情之经过如1932年2月2日《外交部致日本驻华公使抗议书》介绍：“据卫戍司令警察厅长报告，停泊南京下关之日本军舰，突于本月一日下午十一时后陆续发炮八响，用探照灯探照，命中狮子山、下关车站、北极阁、清凉山、幕府山等处，同时，发放机关枪步枪至十二时后始止。”①

国民政府定都南京以来，首都遭外国军舰炮击尚属首次，因此，此事对蒋介石震撼较大。“政府亦感海防之重要与海军人才亟需培育。”②同时，蒋也考虑加强南京至上海段长江防务，在长江中布置地雷以抵制日本军舰。如何布置？就需要设置学校培养专业的人员，因此，国民政府于1932年创办了电雷学校，其隶属于参谋本部。恰如青岛海校毕业生李连墀晚年回忆：“当中央想成立一支能封锁长江以抵制日军溯江而上之武力的机会下，让他（欧阳格）主持成立了电雷学校，是专门学习在江里布雷，在陆上以电控制雷的学校。因为原来在长江布的水雷，是有触角的，必须让船碰上触角才会炸，作用比较小，所以要在岸上以电线来控制，看见船来了就炸。”③

按照军事防守范围，闽系海军第一舰队负责长江防务，那么在长江下游

① 《外交部致日本驻华公使抗议书》中华民国二十一年二月二日，《革命文献》第三十五辑，第1161页，总7827页。

② 包遵彭著：《中国海军史》（下册），（台湾）中华丛书编审委员会1970年出版，第837页。

③ 张力、吴守成访问，张力、曾金兰记录：《李连墀先生访问记录》，载《海军人物访问记录》第1辑，（台湾）“中研院”近代史研究所1998年9月出版，第13页。

实施江中布雷及培育布雷人员理应成为闽系海军的职责。但是,蒋介石并没有把这一任务交给海军部,而是在海军已有的3所海校之外,另设1所独立的电雷学校。蒋介石也多次"往镇江电雷学校视察对学生训话""定期检阅电雷学校"[①],足见其对电雷学校的重视程度。其中也可看到蒋介石对闽系的不完全信任,亦可看出江中布雷及新设立电雷学校的军事战略地位。蒋介石在闽系海军之外设立电雷学校,或许有通过设立海军学校、培育海军人才,进而逐渐控制海军的意图,但是培育长江布雷人才、在江中布雷以抵制日本军舰威胁首都南京,则应是蒋介石的初衷。

二、闽系与"电雷系"的矛盾

电雷学校的设立,打破了海军原来闽系、青岛系、广东系三足鼎立的割据,构成所谓的"电雷系",从而使海军系统形成"四海"的局面。电雷系从成立开始,就与闽系矛盾重重,约如下数端:

(一) 任用闽系政敌欧阳格

为蒋介石操办电雷学校的具体负责人是欧阳格。欧阳格(1895—1941),原是马尾系所办烟台海校的毕业生,曾任"豫章"舰舰长,并参与"中山舰事件"。欧阳格于1931年从英国海军参谋学校留学回国后,本想回海军任职,遭到海军部部长陈绍宽的冷遇。[②] 以后欧阳格得到考试院院长戴季陶和军政部部长何应钦的支持。电雷学校成立后,欧阳格担任校长。此后,欧阳格与陈绍宽多有不合。

(二) 海军学校挂名陆军

从电雷学校成立的目的与任务看,确为海军性质,但若以海军学校名义成立,必受海军部(闽系控制)掌控,这是蒋介石绝对不愿看到的,于是蒋介石"扬言该校不是海军性质,而是纯粹对外(时"九一八"事变之后)水中攻防性

① 《蒋介石日记》(手稿)1936年10月5日,1936年10月9日,斯坦福大学胡佛研究所档案馆藏。

② 《军政部电雷学校》(1932—1938),载杨志本等编《中华民国海军史料》,海军出版社1987年版,第71页。

的陆军电雷学校，这样就使海军部长陈绍宽不能干涉它，青岛系海军沈鸿烈更不敢过问。但实际该校全系按照海军正规军官学校办理，大量培养自己的海军骨干。”[①]1936年春，电雷学校奉令改隶于军政部，名为军政部电雷学校，同时学校由镇江迁往江阴。这样电雷学校完全属于陆军系统，不受海军干涉了。

(三) 排斥闽籍人员

电雷学校的“教职员大部分是青岛、黄埔和马尾海军学校中不满闽系海军的人物，福建人一个不用”。[②] 1936年夏，马尾海军学校第四届轮机学生晏海波等30人，因犯校规被海军部长陈绍宽命令开除。亲历此事马尾海校毕业生林鸿炳详细道出了此事的经过：“比我们早一年进校的轮机班，某次集合点名，因平时都在操场，那天下着毛毛雨，他们班就在走廊集合，周宪章主任要他们来操场点名，他们还是不来，因为全班除夏新、云惟贤和吴宝锵担任下一期班队长外，其余三十名全部开除。”[③]同年冬，欧阳格乘机将此班革生除闽籍外尚有王先登等12名全数收容，为电雷学校第一届轮机学生。1937年3月学习期满后，全数派往德国留学。后来这些人都成为压迫马尾系首脑陈绍宽下台的主要力量。[④]

如果说青岛系海军是闽系海军实现海军统一的最强实力对手，那么，有“海军中的黄埔军校”[⑤]之称的电雷系，则是从海军教育方面对闽系形成强有力的挑战。由于电雷学校是蒋介石直接设立的，因而成为闽系统一海军不可逾越的新障碍。

---

① 《军政部电雷学校》(1932—1938)，载杨志本等编《中华民国海军史料》，海军出版社1987年版，第71页。

② 海军司令部编辑：《近代中国海军》，海潮出版社1994年版，第927页；《军政部电雷学校》(1932—1938)亦载电雷“学校中教职员大部分是黄埔海校和青岛海校系统及马尾系统的一些人”，见杨志本等编《中华民国海军史料》，海军出版社1987年版，第73页。

③ 张力、吴守成访问，张力、曾金兰记录：《林鸿炳先生访问记录》，载《海军人物访问纪录》第1辑，台湾)“中央”研究院近代史研究所1998年9月出版，第113—114页。

④ 《军政部电雷学校》(1932—1938)，载杨志本等编《中华民国海军史料》，海军出版社1987年版，第73页。

⑤ 海军司令部编辑：《近代中国海军》，海潮出版社1994年版，第927页。

第四节 统一海军教育未果

海军是较为先进的军种,其力量形成主要依靠现代化的舰艇和专业化的海军人才。专业海军人才的培养需要专门的海军学校,民国海军内部的闽系、青岛系、广东系分别控制着马尾海军学校、青岛海军学校、黄埔海军学校等正规的海军学校,为本派系造就海军人才。因此,若能统一海军教育,则可为统一海军奠定坚实的人才基础。

闽系控制的马尾海军学校,是海军学校中资历最老的一所,其前身是沈葆桢创办的福州船政学堂,1913 年,船政前、后学堂分别改为海军制造学校、马尾海军学校,隶属于海军部。1926 年,海军制造学校与 1920 年成立的海军飞潜学校同时并入马尾海校。1928 年,烟台海军学校停办后,其末届学生归入该校。

青岛系控制的青岛海军学校,前身为 1923 年沈鸿烈在东北创设的葫芦岛航警学校,1931 年改称葫芦岛海军学校,“九一八”事变后迁至威海,称威海卫海军学校,隶属于中央军委会北平分会,1933 年再迁青岛,改名为青岛海军学校,由此校毕业的学生,被称为青岛系或东北系。

广东系控制的黄埔海军学校,前身为两广总督刘坤一于 1887 年创办的广东水陆师学堂。1912 年改名为黄埔海军学校,1921 年 12 月 31 日,因经费不济而停办。1930 年,陈策拟复办海军学校,但未获海军部许可,1931 年 11 月,陈策向西南政务委员会再度申请复办,获准重新开办黄埔海军学校,所招收学生多为粤籍。

除上述 3 所海校外,还有 1932 年蒋介石在镇江设立的电雷学校。

对于这 4 所海军学校的教育质量,具有青岛海校背景的李连墀先生评价较为客观,他认为:“总结四所海校,论学校基础,马尾是标准的海校,完全按照英国的制度来教;青岛就比较草率一点,但是东西也实在,称得上文武兼备的状态。但是黄埔和电雷就是非常草率了。”①

① 张力、吴守成访问,张力、曾金兰记录:《李连墀先生访问记录》,载《海军人物访问记录》第 1 辑,(台湾)“中央”研究院近代史研究所 1998 年 9 月出版,13 页。

一、闽系统一海军教育的举措

闽系统一海军的另一个思路是从统一海军教育入手。当时存在的马尾海军学校、青岛海军学校、黄埔海军学校以及电雷学校均是培养初级军官的普通海军学校，陈绍宽意欲在此基础上筹办更高级的海军参谋教育学校——“海军大学”，筹建原因在于“军学宜求深造，而建材亟待育成，现在列强海军战术，日新月异，本军军官尤应研究高深学术，精益求精，以备党国干城之选”[①]。由闽系负责筹办、培养海军参谋教育的海军大学，从筹办之时就蕴含着闽系统一海军教育的想法。

据李世甲回忆，海军大学筹办之处，李曾向陈绍宽建议由蒋介石担任海军大学校长，以减少筹办阻力：“当前蒋介石大权独揽，对军事教育也抓住不放他还自兼警官学校、电雷学校的校长，我们的海军大学如果由他来兼校长，你当然兼教育长，今后的事情会好办些。”[②]但未获陈绍宽同意。陈绍宽亲自担任校长，以李世甲为教育长，选马尾为校址，并派员至马尾筹建校舍。

然而一场令陈绍宽意外的风波阻止了海军大学的筹办。1934 年 11 月，闽系舰队以“应瑞”舰长林元铨、“宁海”舰长高申宪等 23 位舰长联名向国民政府主席林森密呈控告海军当局亲日案，林森转由行政院长汪精卫处理。同时“永绥”舰长程娟贤趁机面呈蒋介石，该文称：

> 陈部长设海军大学于马尾，拟调元铨等入学，以求深造。正自庆幸，唯闻大学所聘教官，均系日人，丧权危国，莫斯为甚。浸假铸成大错，坠敌术中，他日受祸之烈，势必影响外交，波及国防……海军当局昧于大义，一意孤行，私聘日人寺冈谨平及信夫淳平为海军大学教授，竟举海军军事最高教育权为敌人之手。[③]

---

① 转引自张力《以敌为师：日本与中国海军建设(1928—1937)》，黄自进主编《蒋中正与近代中日关系(上)》，(台北)稻乡出版社 2006 年版，第 114 页。

② 李世甲：《我在旧海军亲历记(续)》，见《福建文史资料》第八辑：《海军史料专辑》，福建人民出版社 1984 年版，第 20 页。

③ 转引自张力《以敌为师：日本与中国海军建设(1928—1937)》，黄自进主编《蒋中正与近代中日关系(上)》，(台北)稻乡出版社 2006 年版，第 115 页。

事情之经过,据李世甲回忆,海军大学开办的课程中有军事学和海战公法两科。因国内无适当人选,并出于节省费用和日文易学的考虑,经蒋介石同意,遂通过外交途径聘请两位日本教官。"应聘前来的,一为日本海军大佐寺冈,讲军事学;一为日本海军法律顾问法学博士信夫,讲国际公法。这两个教官,是由我(李世甲)通过日本驻南京武官冈野大佐像日本海军省接洽聘用的。"[①]值此中日关系紧张的气氛之下,聘用日本海军官佐担任军事教官,必然引起一部分舰长的反对。

但事情并非如此简单,据李世甲与时任"海筹"副长的曾国晟等亲历者回忆,23 位舰长联名控告还有另外原因。李世甲在《我在旧海军亲历记(续)》中认为海军部对各项制度的整顿,舰长的权利逐渐被限制在规定的范围内,特别是 1934 年,陈绍宽决意改革舰上公费由各舰长包干的制度极大地损害了舰长的利益,因而引起舰长的联名反对。[②] 曾国晟在《海军大学风潮见闻》中认为风潮的起因是:舰长们认为陈绍宽要办这所大学(海军大学),要实现限制舰长的权力,同时要在舰长入学受训时,只许带公费的二成,而把其余的公费交公,按实物由海军总部发给,这直接损害到舰长的切身利益。同时,陈绍宽举办上尉级海军军官的考试制度亦激化了双方的矛盾[③]。

此事对陈绍宽打击很大,因反对者均为闽系海军高级将领。陈闻讯后即辞职赴上海休养,由陈季良代理部务。后来在蒋、汪的授意下,陈季良于 1935 年 2 月把林元铨调任海军军械处处长、高申宪调任海军引水传习所所长,以示惩戒后,陈绍宽始回部视事。原拟筹办的海军大学改在南京草鞋峡海军水雷营,两个日本教官仍在校内讲课。

经此风潮后,"原(拟)设在马尾的海军大学无形中停办了","所谓海军大学,不外是个讲习班而已"[④]。海军部统一海军教育的计划即告失败。

---

① 李世甲:《我在旧海军亲历记(续)》,见《福建文史资料》第八辑:《海军史料专辑》,福建人民出版社 1984 年版,第 21 页。

② 李世甲:《我在旧海军亲历记(续)》,载中国人民政治协商会议福建省委员会文史资料研究委员会编《福建文史资料》第八辑:《海军史料专辑》,福建人民出版社 1984 年版,第 21—22 页。

③ 曾国晟:《海军大学风潮见闻》,载文闻编《旧中国海军秘档》,中国文史出版社 2006 年版,第 216、222—223 页。

④ 陈书麟、陈贞寿编著:《中华民国海军通史》,海潮出版社 1993 年版,第 306—307 页。

二、参谋本部对统一海军教育的计划

1934年参谋本部呈请军事委员会的《国防计划海军部分》中的“教育计划”，也提出了详细的统一海军教育的计划。

> 教育之所以贵于统一者，欲充门户之风、齐学术之差，而收声气相应求之效也。今日海军教育，黄埔设一校而隶于第一集团军、马尾又设一校而隶于海军部、威海卫又设一校而隶于北平军事委员分会。风气自成一家，于是肇门户之见，教授各以意为，于是来学术之差。激荡所至，求其无垄断人心、封建之思，而不各怀取而代之之意已难矣，焉能望其收声气相应求之效耶？此不但为海军之累，抑且为他日海军作战之灾。为导之于正轨起见，拟具海军教育计划如左：
>
> 一、海军普通教育（海军军官学校）及专门教育，皆由训练总监部（海军监）会同海军部（军学司）统一办理；海军参谋教育（海军大学）由参谋本部办理。
>
> 二、黄埔海军学校、马尾海军学校及威海卫海军学校皆并而为一，附设于中央军官学校之内，其校长由中央军官学校校长兼任，内设航海、轮机及潜水三科。
>
> 三、学生名额从全军所需军官佐之补充数为标准，按行省之大小而规定其分配之名额，复试亦按各省所配定之名额录取。昔日海军军官得保送学生一名之例取消。
>
> 四、由训练总监部会同海军部设立海军专门学校一所，内分炮术、水雷术、潜水术、轮机及飞行术五科。又各分为普通班与高等班，前者凡补授少尉六个月后者，一律入学，但航海士官得不习轮机，其轮机士官唯习轮机及水雷术；后者甄拔中尉级之优秀者入学，并于该专门学校五科之下施行。士兵教育（造成下级干部）亦分普通班与高等班，前者选拔一、二等兵入学，后者选拔一等兵及下士入学。
>
> 五、由参谋本部将海军部所开办之马尾海军大学（据闻内定六

个月毕业)接收,正式设立海军大学,教授军政、军令及其所关联之最高学术,以养成海军指挥及参谋人才。其学生于上尉级中甄拔之,二年半毕业。并附后高等航海术科及高等轮机科。

六、海军造船、造兵、造械及海军军医以及海军无线电人才,就国内外大学在军中之学生之志愿者,委托国内外大学养成之。①

该计划将海军教育分为普通教育和参谋教育,由训练总监部会同海军部、参谋本部分别办理,从整体上规定了拥有海军教育办理权的机关,继而整合闽系、青岛系、广东系控制的3所海校。并规定招生按省划分以避免地方派系的再形成。

客观而言,该计划是较为可行的,对于铲除海军派系能起到一定作用。但是值得注意的是,该计划并没有提及电雷学校,所针对的仅是地方派系所控制的海军学校。海军学校是地方各派培养海军专业人才的摇篮,自然不会轻易交出。事实上,海军军校的统一直到抗战开始后,青岛系、广东系、电雷系所依赖的舰队丧失后,才归并在一起,而四所海校的合并则要到抗战结束后。

第五节　结语

"统一海军"是蒋介石对闽系归附的许诺条件之一,但在实际行动中,由于得不到蒋介石的全力支持,闽系虽多番努力,却始终未能吞并东北海军、广东海军。究其原因,一是闽系并非蒋之嫡系,未能完全控制闽系的蒋介石自然不会让闽系一派独大;然而更重要的原因是蒋介石希望由军委会来实现海军军令权、军政权的统一,而不是由闽系控制的海军部来实现统一,这样在政府内部存在着两条完全不同的统一方案。

---

① 《海军战时充实计划草案及国防计划海军部分》,中国第二历史档案馆藏,全宗七八七(国防部史政局及战史编纂委员会),案卷号2081。

1935 年以后，国防主题逐渐转向抗日备战，海军亦不例外。闽系统一海军的方案与行动搁浅。1937 年江阴海战，闽系海军舰队主力尽失，失去了统一海军的资本，此后海军部裁撤，改组为海军总司令部，由陈绍宽担任海军总司令。闽系人才的摇篮——福州海军学校几经周转，于 1938 年内迁至贵州桐梓，虽仍坚持办学，但所培养的海军学员人数与任职情况已大不如从前。

东北系、广东系、电雷系海军等 3 支海军亦在抗战初期受到重创，其中实力较强的东北海军所辖舰艇自沉于青岛、刘公岛港湾，作阻塞之用。抗战开始后，青岛海校、黄埔海校、电雷学校校址多次内迁，办学维艰，1938 年 6 月 28 日，蒋介石下令取消电雷学校。第三、第四两期未结业学生，与内迁至宜昌的青岛海军学校合并。[①] 1939 年 3 月，军委会决定停办黄埔海校，并指示军政部需在 6 月底结束该校，在校学员准予提前毕业。经过抗战前期的整合，到了 1939 年原 4 所海军学校仅剩下内迁桐梓的福州海校、迁至宜昌的青岛海校。青岛海校在军政部的努力下成功地接受了电雷学校学员，虽然在两年后即告撤销，但仍可清楚地看出在海军统一问题上军委会与海军司令部针锋相对的斗争。中国加入同盟国作战后，军委会开始选派学员赴英美留学或接收战舰，此时已刻意消弭海军系统内部的派系之分。战后，军政部在蒋介石的指示下接管了海军司令部，闽系海军的优势地位彻底消失，国民政府海军在军委会的努力下实现了从“四海”到“一家”的统一。

---

① 包遵彭著:《中国海军史》(下册),(台湾)中华丛书编审委员会 1970 年出版,第 840 页。

第五章

『圻琛北归』事件与国民政府海军中央化

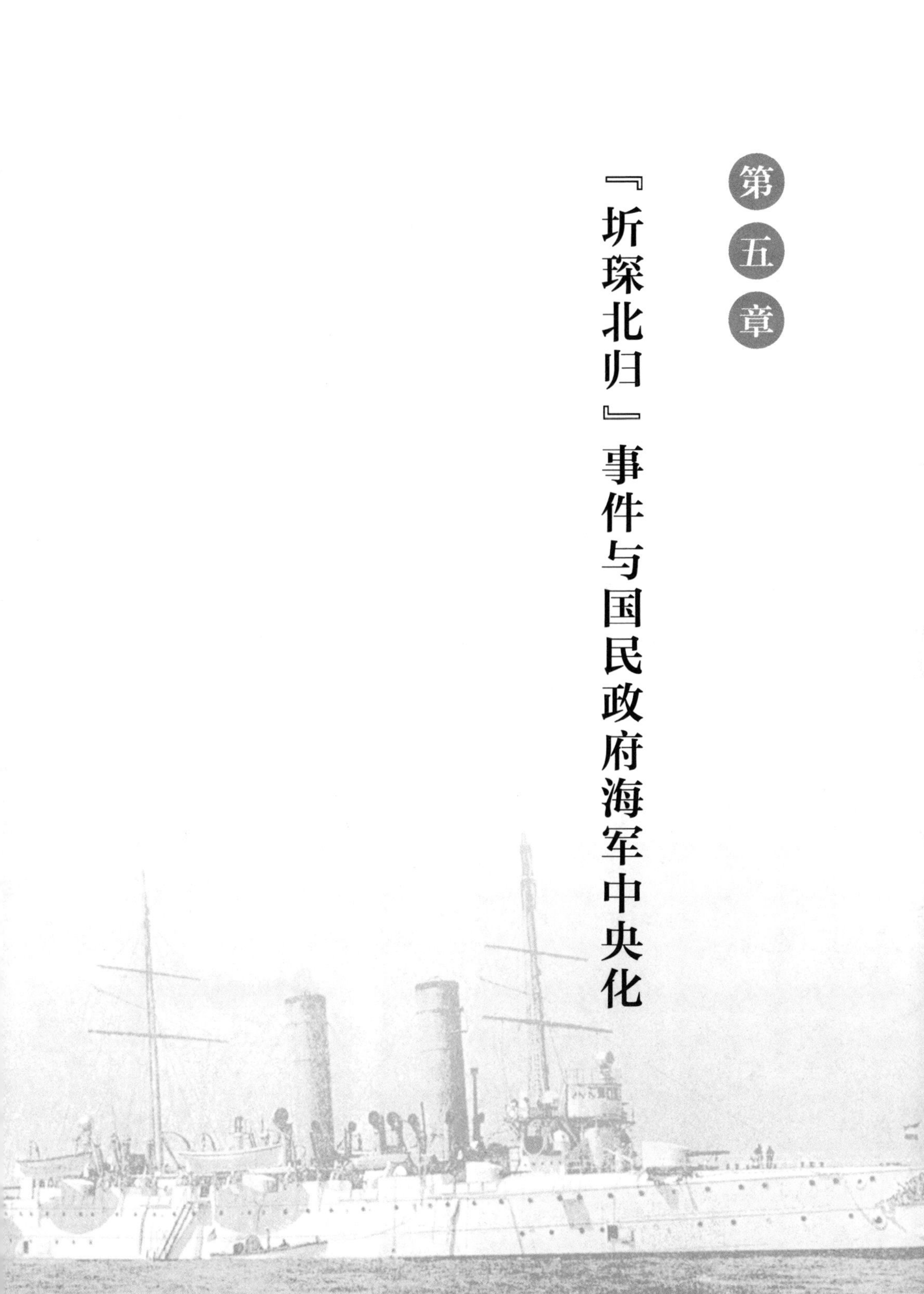

上一章在探讨闽系统一海军的尝试中提及1935年发生的“黄埔事件”，闽系海军将领陈季良与“海圻”“海琛”两舰代表就关于如何北上谈判陷入僵局，最终蒋介石委派军事委员会海军军令处长陈策赴香港完成“海圻”“海琛”两舰北上任务。此事件中，闽系海军因其接收两舰失败失去了统一海军的最佳时机，而军委会以成功接收两舰为契机，将全国海军政令划归其下办理，成为国民政府海军中央化的主导机构，从此也开启了军委会整合东北海军、广东海军等非闽系海军，逐渐形成排挤闽系海军的全新海军中央化路径。①

关于国民政府海军中央化路径的研究，学界已有一些讨论，主要侧重于闽系海军部在海军统一进程。② 然而新史料却显示，军委会另有一套统一全国海军政令的方案，并借助于1935年“海圻”“海琛”两舰（下文简称“圻琛”“两舰”）北归得以介入海军，对海军中央化进程影响至深，然而此事件未能引起足够的重视。③ 本章主要运用中国第二历史档案馆、台北“国史馆”、英国国家档案馆（The National Archives）和日本外务省外交史料馆典藏档案文献，通过梳理1935年圻琛两舰北归一事，对闽系海军部未能统一海军的原因以及军

① 所谓海军中央化是指由中央收回海军军令权与军政权，并清除海军中的地方派系势力的历史过程。

② 学者刘宏祥认为，“一·二八”事变后，在南京国民政府主导下，原本互不统属的海军呈现中央化的发展轨迹，海军中的领导势力逐渐由闽系海军向蒋介石嫡系演变。刘宏祥：《从闽系到嫡系：国民政府海军中领导势力的变化（1927—1945）》，《史汇》2005年第9期。此外有关国民政府海军中央化研究的较具代表性的学术成果有高晓星《南京政府“统一”全国海军及其军事行动》（《军事历史研究》1993年第1期），以及台湾地区学者张力《从“四海”到“一家”：国民政府统一海军的再尝试，1937—1948》（《“中研院”近代史研究所集刊》1996年第26期）。

③ 关于这一事件的回忆文章有：时任海圻副舰长的张凤仁于1964年发表的《东北海军的分裂与两舰归还建制》，《辽宁文史资料》第4辑，辽宁人民出版社1964年版，第56—63页；江淦三：《“海圻”等三舰反沈投粤再投宁经过》，见杨志本主编《中华民国海军史料》，海洋出版社1987年版，第966—970页；高晓星、时平编著：《民国海军的兴衰》，中国文史出版社1989年版，第149—152页。与陈书麟、陈贞寿著《中华民国海军通史》，海潮出版社，1993年版，第348—第356页。这些回忆文章中均有一节叙述性内容，重构了这一海军事件。

委会如何介入海军事务作进一步的探讨。

第一节　海军中央化方案的提出

国民革命军北伐结束后，南京国民政府海军主要由广东海军和北伐期间先后易帜的闽系海军、东北海军(又称青岛海军)等 3 支海军力量构成。1929 年，时任国民政府主席的蒋介石计划通过海军编遣整合全国海军，然而在 2 月份召开的国军编遣会议上，有关海军编遣的决议，仅是在形式上整合实已分裂的海军，并未取得实质进展①。海军编遣未能取得实效，根本而言在于国民政府未能真正完成全国军政之统一。

此后，各支海军随着所依附的政治势力的沉浮而变动。东北易帜后，东北海军受东北边防司令长官公署管辖，青岛海军司令部掌管东北海军军政。“九一八”事变爆发后，日军占领东北，张学良退往北平，东北海军江防舰队被日军没收，海军学校由葫芦岛迁往威海卫。1932 年 8 月 19 日，国民政府公布《军事委员会北平分会组织条例》，在北平设置军委会北平分会作为华北地区最高军政机构，负责该区域内各省之军政、军令、国防和绥靖等事宜②，蒋介石自兼军委会北平分会委员长，以张学良代行委员长职权。东北海军军令权转移至军委会北平分会管辖，海军军政仍掌握在青岛海军司令沈鸿烈之手。1933 年 3 月，因热河失守，张学良请辞各职，蒋介石趁机以军政部长何应钦“暂代分会委员长职权”。③

从 1931 年开始，广东政局亦发生剧烈变动。1931 年 2 月，蒋介石因约法

---

① 高晓星：《南京政府“统一”全国海军及其军事行动》，《军事历史研究》1993 年第 1 期，第 71 页—第 72 页；张力：《航向中央：闽系海军的发展与蜕变》，载(台北)“国史馆”编《中华民国史专题论文集第五届讨论会》2000 年 12 月，第 1565 页—1567 页。

② 中国第二历史档案馆编：《国民党政府政治制度档案史料选编(上)》，安徽教育出版社 1994 年版，第 440 页。军委会北平分会成立后，北平绥靖公署即行裁撤，见《国府训令裁撤平绥靖署》，1932 年 8 月 22 日《申报》。

③《蒋委员长致张学良告知其离职后各机关照旧并以何应钦暂代北平军分会委员长职权电》1933 年 3 月 10 日，秦孝仪主编《中华民国重要史料初编——对日抗战时期：绪论(三)》，(台北)中国国民党党史委员会 1981 年 9 月刊行，第 618 页。

问题与胡汉民发生冲突，在南京扣押胡汉民，致使反蒋派南下广州另组国民政府，形成宁粤对峙局面。陈济棠被选为广州国民政府委员，担任第一集团军总司令。编遣会议时，在名义上改为第四舰队的广东海军此时又改称海军第一舰队，仍以陈策为海军总司令。1931 年 12 月，鉴于蒋介石第二次下野，反蒋派在广州另组国民政府西南政务委员会，负责监督西南地区的内政、军政等。1932 年 5 月—7 月，陈济棠为将广东海军各舰收归第一集团军管辖，与陈策爆发琼崖海战，最终陈策战败，海军各舰整编为第一集团军舰队。至此，陈济棠始将广东海军政令收归其麾下。[①] 然而，经此变故后，广东海军主力“飞鹰”舰被击沉，“中山”舰被海军部接收，可谓主力尽失。

相对而言，南京国民政府成立之后的闽系海军较为稳定。1929 年 6 月，国民政府在行政院下设置海军部后，闽系海军冠以中央海军之称，并掌握海军第一舰队、第二舰队和练习舰队之军政。值得注意的是，据 1935 年军委会电文，“查海军军令向在海部兼管”[②]可知，闽系海军之军令仍掌握在海军部手中。

总之，时至 1932 年，国民政府三大海军派系之军令、军政仍操之于不同机构之手。1932 年“一·二八”事变后，面对空前国防压力，在国民政府内部海军部、军委会先后提出两套统一海军、促使海军中央化的方案。1935 年 6 月，广东海军发生内乱，围绕“海圻”“海琛”两舰（以下简称为“圻琛两舰”）北归及其编制问题，为海军部与军委会的海军中央化方案的实施提供了绝佳机遇。关于海军中央化的方案上一章已经有所梳理和分析，在此不作赘述。

第二节 圻琛两舰入港与北归请求

1935 年之前的民国海军舰艇，除海军部于 1932 年建成的“宁海”舰颇具战斗力外，余者主力舰艇皆为甲午战后清政府向英德两国外购而来，其中又

① 参见高晓星、时平编著：《民国海军的兴衰》，载《江苏文史资料》第 32 辑，中国文史出版社 1989 年版，第 145—148 页。

②《朱培德致蒋介石宥巳电》1935 年 6 月 26 日，（台北）“国史馆”，蒋中正文物档案，002/080200/00233/036。

以“海容”“海筹”“海圻”和“海琛”四舰为代表，前两者一向为闽系海军掌握，后两者在1933年—1935年短短3年之内直接影响了东北海军与广东海军的兴衰。

作为东北海军的主力舰艇的圻琛两舰[①]，其总吨位之和约为7 250吨，1932年约占东北海军总吨位的43.7%[②]。1933年6月，东北海军爆发薛家岛事件[③]，因不满东北海军司令沈鸿烈的人事处置，“海圻”“海琛”与“肇和”三舰脱离东北海军南下投粤。三舰投粤后，东北海军丧失三大主力军舰，其吨位由原来的16 577吨下降至6 867吨；广东海军在接收三舰之后，吨位由原来的2 860吨增至12 570吨，超越东北海军，其实力仅次于闽系海军[④]。

“海圻”“海琛”与“肇和”三舰投粤之初，陈济棠单独将三舰编为粤海舰队，任命姜西园为舰队司令，使舰队在人事安排与作战指挥上拥有较大的独立性。1935年4月，陈济棠借助于姜西园之手，排挤原三舰人马，安插亲信，然后宣布取消“粤海”舰队司令部，并入第一集团军舰队，自兼总司令，以姜西园、张之英为副总司令。陈济棠几乎不费吹灰之力，即将东北三舰纳入自己的掌控之下。然而陈济棠“以陆军节制海军”的做法却引起原东北籍中下层官兵的强烈不满[⑤]，在唐静海、张凤仁等人的策划下，于6月15日晚带舰出走，在黄埔江面引发武力冲突，最终圻琛两舰于17日晨冲出虎门要塞，这一事件有论者称之为黄埔事件[⑥]。

圻琛两舰逃出虎门要塞后，暂泊离香港约18里之长洲海面。此时，以唐静海、张凤仁为首的两舰官兵亟待解决两个问题：一是安置伤员、补充煤水等物以维系两舰正常运转；二是离粤后两舰之去向。对于前者，两舰官兵于海

---

① 海圻号巡洋舰，英国阿姆斯特朗船厂制造，1897年下水，排水量4 300吨，航速24节；海琛号巡洋舰，德国伏尔铿船厂制造，1898年下水，排水量2 950吨，航速19.5节，同型舰为海筹、海容号。

② 《海军第三舰队各舰概况表》，申报年鉴社编《申报年鉴(民国二十三年)》，申报年鉴社1934年4月刊行，第408页。此表统计时，因“海圻”“海琛”及“肇和”三舰已编入粤海舰队，故未列入第三舰队。

③ 参见高晓星、时平编著：《民国海军的兴衰》，第139—143页、第148—149页；陈书麟、陈贞寿著：《中华民国海军通史》，海潮出版社1993年版，第348—356页。

④ 3支派系舰艇吨位占比演变为：闽系海军66.7%，东北海军11.8%，广东海军21.5%。参见《海军各舰艇船身概况统计表》《海军第三舰队各舰概况表》《粤海舰队》，申报年鉴社编：《申报年鉴(民国二十三年)》，申报年鉴社1934年4月刊行，第404—409页。《申报年鉴》在统计广东海军舰艇时，仅统计“出海大舰”，未计算江防小舰及运输舰。

⑤ 《粤两舰驶抵港》，《申报》1935年6月20日，第3版。

⑥ 陈书麟等著：《中华民国海军通史》，第348—356页。肇和舰因正在修理主机，未参与出走行动。

圻舰开会讨论，最终认定“一旦遇敌，舰上无煤不能快车行动”为“致命问题”[①]，决议致电香港政府申请驶入香港安置伤员、补充煤水等物；对于后者，前后两次带舰出逃青岛、广州的两舰官兵只有与南京政府联络，航向中央一途。18日，唐静海、张凤仁代表两舰官兵致电南京中央，表示愿“将圻琛两舰国家武器仍以交还国家”，请求中央“俯赐收录”[②]。

鉴于圻琛两舰是否投伪既是蒋介石、陈济棠等人担忧的问题，又是海军部解释炮击事件发生的主导因素之一，笔者有必要考证圻琛两舰是否有投伪之事。圻琛两舰官兵多为东北籍，且两舰在香港时确有日本间谍等舰劝诱，因之，当时舆论确有两舰驶往台湾之说。张凤仁在晚年回忆文章中对此事并不讳言：“这时日本驻广州领事田中（名忘记）来香港，求见两舰舰长。……我们认为田中此来不外拉拢我们去东北当汉奸，于是毅然拒绝，他就绝望而返。”[③]这段史料表明日本确有派人赴港活动，但日本人的求见为两舰舰长所拒绝。由于时隔29年，张凤仁在回忆时已不记得此人的名字，实际上，此人是臼田中佐，时任日本驻广州领事馆武官。然而，据日本外务省外交史料馆藏相关档案，并无臼田中佐策划两舰投伪之记录，仅仅是作为旁观者密切关注此事，例如臼田中佐对舆论风传两舰驶向台湾的反应是“感觉这只是为了中央在做宣传”[④]。而对于谣言起因，日本驻香港总领事水泽孝策在致外务大臣广田弘毅的密电中表示有两种可能：其一，陈济棠为挽回颜面，“故意传播两舰逃亡满洲、台湾的谣言”；其二，圻琛两舰未入香港之前，“希望由伪满收购两舰的交涉失败。”尽管水泽孝策更倾向于后一种可能，但他亦承认“在6月19日两舰进入香港后，“海圻号”舰长声明将奉中央的命令赴厦门，因此传言销声匿迹”[⑤]。由此判断，圻琛两舰投伪之说确为谣言。

① 张凤仁：《东北海军的分裂与两舰归还建制》，载中国人民政治协商会议辽宁省委员会文史资料研究委员会编《辽宁文史资料》第4辑，辽宁人民出版社1964年版，第59页。

② 《蒋伯诚陈其尤致蒋介石电》1935年6月18日，（台北）“国史馆”，蒋中正文物档案，002/080200/00231/080。

③ 张凤仁：《东北海军的分裂与两舰归还建制》，载中国人民政治协商会议辽宁省委员会文史资料研究委员会编《辽宁文史资料》第4辑，辽宁人民出版社1964年版，第59—60页。

④ 《臼田中佑电报》（1935年6月24日），外务省记录A-6-1-3-1_1_006，日本外务省外交史料馆藏。

⑤ 《机密公第295号》（1935年7月6日），外务省记录A-6-1-3-1_1_006，日本外务省外交史料馆藏。英方档案有类似记载，参见Herbert Phillips to Alexander Cadogan, 28th June, 1935, FO371/19236/F5062, pp. 110-111。

对于付出巨大财力供养圻琛两舰约两年的陈济棠而言，显然并不甘心就此失去这一重要武装力量，为此，陈济棠试图通过香港政府挽回颓势。6月15日晚，两舰尚未冲出虎门，陈济棠即通过英国驻广州总领事菲利普斯（Herbert Phillips）向香港政府转达，倘若两舰在香港海域避难，希望香港政府予以扣留[①]。17日晨，在圻琛两舰已冲出广州最后一道防线虎门要塞的情况下，陈济棠判断两舰仍会驶往香港，但为防止两舰投降伪满，陈济棠采取双管齐下的应对措施：一面致电南京军事委员会，“乞饬沿海各舰队妥为防范，并设法收容”[②]，期望通过中央军舰防止两舰逃亡伪满，为派员赴港交涉争取时间；一面仍将主要精力放在与香港交涉上，派外交部特派员甘介侯与菲利普斯交涉，希望通过外交途径借由香港政府将两舰扣留并返还广州。

甘介侯曾任外交部常务次长，1932年辞职后南下广东，1935年外交部任命其为外交部驻粤桂两省特派员，因而其正式身份可以代表中央，但实际上其为“粤陈（济棠）代表”[③]。甘介侯的双重代表身份恰被陈济棠选中作为与香港交涉的代表人选。17日，甘介侯在与菲利普斯的通话中声称作为广州当局和南京政府的代表，要求一旦两艘巡洋舰进入香港水域，香港政府应当将其扣留。甘介侯进一步要求英国政府应将两舰视为逃亡舰（outlaws），并协助广州当局截获它们[④]。此时菲利普斯已经获知圻琛两舰停泊于香港附近，但未对甘介侯的要求作出明确表态，而是承诺会立即将甘介侯的要求报告给英国驻华大使贾德干（Alexander Cadogan）。

1935年，中英关系从公使级升格为大使级，基于中英关系的大局考虑，贾德干在18日致电香港政府，建议香港政府在中国政府宣布两舰为叛舰（rebels）之前，应将圻琛两舰当作中国军舰对待[⑤]，同时强调一旦圻琛两舰利

① Herbert Phillips to Alexander Cadogan, 28th June, 1935, London, The National Archives, Foreign Office Files, China: 1949－1980, 371/19236/F5062, p. 107.

②《朱培德致蒋介石皓寅电》1935年6月19日，（台北）“国史馆”，蒋中正文物档案，002/080200/00231/061。

③《戴笠致蒋介石艳未电》1935年6月29日，（台北）“国史馆”，蒋中正文物档案，002/080200/00235/014。

④ Herbert Phillips to Alexander Cadogan, 17th June, 1935, London, The National Archives, Foreign Office Files, China: 1949－1980, 371/19236/F3963, p. 47.

⑤ Alexander Cadogan to Hong Kong, 19th June, 1935, London, The National Archives, Foreign Office Files, China: 1949－1980, 371/19236/ F3993, p. 59.

用香港作为反抗广州政府的基地,那么香港政府应该将其驱离香港海域。香港政府将贾德干的建议作为处理圻琛两舰的基本方针①。贾德干的态度实际上拒绝了广州地方政府将两舰扣留的要求。19日上午,在获悉贾德干大使态度后,香港政府同意两舰驶入港海②。

圻琛两舰官兵在驶入香港之前,再次致电军事委员会委员长蒋介石,说明因经费困难、伤员留医在港,两舰准备驶入香港,然后“航行入京、受训候命”③。下午1点左右,两舰驶入港海,驻泊油麻地海面。入港后,两舰官兵在一份书面声明中表示,他们将在香港勾留两至三日,采办粮食与燃料后,北上加入中央政府④。

陈济棠获知香港政府允许圻琛两舰驶入香港后,继续派遣甘介侯通过菲利普斯向香港政府施压,敦促香港政府扣押两舰。19日晚,甘介侯提出4种可能出现的情况及处理方案⑤,菲利普斯仅表示会将广州当局的态度转达给贾德干大使,但实际上,由于香港政府已经确定不会将两舰作为叛舰对待,陈济棠希望通过香港政府扣押圻琛两舰,然后返还给广州的外交交涉失败。

陈济棠在与香港交涉无果之后,转而派员策反两舰员兵,同时于19日分电军委会委员长蒋介石、外交部长汪精卫,以两舰“防弭海盗之用”为由向中央求援,请“照会英国大使,电令香港政府将舰交回粤省”⑥。

由此观之,19日圻琛两舰驶入香港之后,两舰官兵、广州当局和香港政府均将下一步如何行动的决定权交予南京中央政府。如此,南京政府对待圻琛两舰北归一事的态度将变得尤为重要。现有资料显示,蒋介石最迟于18日通过各方情报获知黄埔事件⑦,但直到19日圻琛两舰驶入香港后,蒋介石方收

---

① Hong Kong to Colonies, 19th June, 1935, London, The National Archives, Foreign Office Files, China: 1949 - 1980,371/19236/F4007, p. 65.

② 《陈济棠电汪院长辟谣》,1935年6月19日《申报》。

③ 《戴笠致蒋介石电》1935年6月19日,(台北)“国史馆”,蒋中正文物档案,002/080200/00231/097。

④ Herbert Phillips to Alexander Cadogan, 28th June, 1935, London, The National Archives, Foreign Office Files, China: 1949 - 1980,371/19236/F5062, p. 110.

⑤ Herbert Phillips to Alexander Cadogan, 19th June, 1935, London, The National Archives, Foreign Office Files, China: 1949 - 1980,371/19236/F3998, p. 61.

⑥ 《陈济棠致蒋介石皓电》1935年6月19日,(台北)“国史馆”,蒋中正文物档案,002/080200/00232/105。

⑦ 高素兰编注:《蒋中正档案·事略稿本》(31),(台北)“国史馆”2008年刊行,第410页。蒋介石在18日,将“海圻等舰之处置”作为第一件注意事项提醒自己。

到两舰官兵请求中央收录电报。为使圻琛两舰尽早脱离广东，驶向中央政府控制区域，蒋介石做出以下3点指示：一、回电唐静海、张凤仁，令其率“圻琛两舰即直驶厦门候令”[①]；二、指示蒋伯诚、陈其尤“切实抚慰两舰员兵，开往厦门停泊候令”[②]；三、电令驻闽绥靖公署主任蒋鼎文，圻琛两舰到厦时，予以抚慰收容[③]。厦门是受中央政府统治且离圻琛两舰最近的港口城市，蒋介石在收容圻琛两舰时，之所以要求两舰立即驶往厦门，乃出于防范两舰返粤或投降“伪满”之考虑。

对于陈济棠19日“皓电”，外交部长汪精卫复电称“已与英大使与商，据称港粤此例只能听其自由，此为港政府传统态度，不易更改”，并明确表示圻琛两舰既得自由，“不如由中央收回，免其逃至伪国”[④]。蒋介石亦表示圻琛两舰由中央收容。在当时宁粤对峙的政治背景之下，蒋汪两人的表态实际上宣告陈济棠期望由中央出面通过外交途径迫使香港政府返还圻琛两舰的对策彻底失败。

从南京政府最初的应对措施来看，蒋介石显然把圻琛两舰北归作为一次偶发的海军事件，而非涉及香港政府的外交事件，其对应措施的出发点在于尽快使两舰脱离陈济棠的影响范围，驶向南京政府控制区域。然而，南京政府决策层未能及时通过外交途径将其态度函告香港政府。为了探明南京政府态度，贾德干大使于18日—19日先后两次赴外交部询问南京政府对圻琛两舰的态度。18日晚，贾德干与外长汪精卫讨论广州局势，此时汪精卫尚不清楚圻琛两舰去向，但“他似乎期望两舰重新拥护南京政府……他并未要求港英政府在两舰驶入香港水域的情况下采取行动”。从与汪精卫的谈话中，贾德干认为英方“应该把两舰作为中国舰队的一部分(units of the Chinese fleat)”[⑤]。

---

① 《蒋介石致唐静海电》1935年6月19日，(台北)“国史馆”，蒋中正文物档案，002/080200/00231/095。

② 《蒋伯诚陈其尤致蒋介石电》1935年6月18日，(台北)“国史馆”，蒋中正文物档案，002/080200/00231/080。

③ 《蒋介石致蒋鼎文电》1935年6月21日，(台北)“国史馆”，蒋中正文物档案，002/080200/00231/096。

④ 《汪精卫致蒋介石敬辰电》(1935年6月24日)，(台北)“国史馆”，蒋中正文物档案，002/080200/00232/100。

⑤ Alexander Cadogan to Herbert Phillips, 18th June, 1935, London, The National Archives, Foreign Office Files, China: 1949 - 1980, 371/19236/F3966, p.49.

未能明确获悉南京政府态度的贾德干于19日晨继续造访外交部，负责接待的外交部政务次长徐谟尚未收到有关圻琛两舰的电报，因此，贾德干与其谈半小时即告辞出[①]。然而，下午徐谟派参事访问贾德干，私下询问香港政府是否可以通知圻琛两舰指挥官既离香港海域。该参事告诉贾德干，中国政府已收到声称两舰将驶往南京的电文，但两舰舰长尚在等候中央指令。贾德干提出“以正式通知的方式使两舰尽快离开香港水域”。[②] 贾德干的建议获得中方赞许，称英方在此事中的态度是完全正确的。至此，英国驻华大使贾德干方明确南京政府的态度，并及时将此信息传达给香港政府。值得注意的是，徐谟的态度仅为根据当时的形势作出的对南京政府最有利的建议。对照蒋介石最初应对圻琛两舰北归的3条指令，并未提及通知香港政府驱逐两舰，而是直接电令两舰驶往厦门，徐谟的态度并非整个南京政府决策层的态度，即贾德干传递给香港政府的信息并不能代表南京政府决策层的真实态度。

在港候令的圻琛两舰以原中山舰长陈涤的香港房产押得1万元港币[③]，为两舰补充煤炭[④]。21日，唐静海、张凤仁收到蒋介石“直驶厦门”电令，颇感失望。“直驶厦门”指令不但与19日“航行入京”的请求不符，更重要的是厦门靠近闽系海军第一舰队驻泊地福州马尾。不愿驶向厦门的两舰官兵立即回电蒋介石，委婉指出：“今全体官兵以钧座指示候令地点、环境亦不甚佳，深愿直航首都就近受训。”[⑤]此时圻琛两舰面临的问题，唐静海、张凤仁曾在致蒋介石电报中谈及：“陈济棠派刘永诰、黎巨球、凫翮、谭刚等上舰百般利诱，要求开回广州，任何条件悉愿接受等语，职等早已决心归诚中央，而不愿在此恶劣环境中被其纠缠，并恐留港日久，煤食又感困难。”[⑥]除此之外，21日中午，香港政府按照贾德干大使的建议，致函两舰官兵希望圻琛两舰尽快驶离

① 《贾德干访徐谟》，1935年6月20日《申报》。

② Alexander Cadogan to Hong Kong, 19th June, 1935, London, The National Archives, Foreign Office Files, China: 1949－1980, 371/19236/F4007, p. 63.

③ 参见张凤仁：《东北海军的分裂与两舰归还建制》，载中国人民政治协商会议辽宁省委员会文史资料研究委员会编《辽宁文史资料》第4辑，辽宁人民出版社1964年版，第60页。

④ 《臼田中佑电报》(1935年6月24日)，外务省记录A－6－1－3－1_1_006，日本外务省外交史料馆藏。

⑤ 《海圻海琛全体官兵致蒋介石马午电》1935年6月21日，(台北)“国史馆”，蒋中正文物档案，002/080200/00232/008。

⑥ 《唐静海等致蒋介石马戌电》1935年6月21日，(台北)“国史馆”，蒋中正文物档案，002/080200/00232/007。

港海。[①] 因此，局势发展至21日中午，圻琛两舰的处境越发困难，为摆脱此种不利局面，圻琛两舰官兵决定在尚未接到蒋介石是否允许直航首都及下一步指令的情况下，于当日下午4时左右离港北上，“拟慢航行听候钧座最后命令”[②]。两舰官兵在启程之前，如实将“直航首都”计划向居中联络的蒋伯诚汇报[③]，这一做法在一定程度上可以规避擅自离港的责任。

然而两舰官兵在离港前复函香港政府，称“接南京中央指令，两舰将于今日下午四至五时离港，直驶厦门”[④]，并未将实际航行计划通知香港政府。从两舰角度考虑，离港前从中央接到的是“直驶厦门”指令，“直驶首都”的请求尚未得到批准，并且从地理方位上考虑，驶往厦门、南京均为离港北上，似乎并无通知香港政府其具体计划的必要。因此，在21日下午，香港政府获得有关圻琛两舰北上的消息是驶往厦门。

21日16时30分，圻琛两舰驶离香港北上，驶往南京。

那么，蒋介石是否同意两舰直航首都的请求呢？蒋介石处理圻琛两舰事的目的是使两舰尽快回归中央，其“直驶厦门”的指令即含有此意，其顾虑在于圻琛两舰可能投伪，这是因为蒋介石在获知黄埔事件的情报中即有圻琛两舰“闽投中央”或“北投伪国”两种可能[⑤]。因此，当23日收到蒋伯诚“个电”时，由于圻琛两舰“直航首都”的请求与蒋介石“导之航京”的目的相符，因此蒋介石非但不介意两舰官兵违令，而且立即同意其请求，并迅速做出以下安排：一、致海军部长陈绍宽“漾未秘蓉电”，告以圻琛两舰21日直航首都事，电令海军部各舰“不可在半途加以留难，到时并盼妥予收容训勉为要”[⑥]；

---

① Hong Kong to Alexander Cadogan, 21st June, 1935, London, The National Archives, Foreign Office Files, China: 1949 - 1980, 371/19236/F4060, p. 70.

② 《唐静海等致蒋介石马戌电》1935年6月21日，(台北)“国史馆”，蒋中正文物档案，002/080200/00232/007。

③ 《蒋伯诚致蒋介石个电》1935年6月21日，(台北)“国史馆”，蒋中正文物档案，002/080200/00232/006。

④ Hong Kong to Alexander Cadogan, 21st June, 1935, London, The National Archives, Foreign Office Files, China: 1949 - 1980, 371/19236/F4060, p. 70.

⑤ 参见《戴笠致蒋介石亥电》1935年6月17日，(台北)“国史馆”，蒋中正文物档案，002/080200/00231/079；《李尚铭致杨永泰巧电》1935年6月18日，(台北)“国史馆”，蒋中正文物档案，002/080200/00231/004。

⑥ 《蒋介石致陈绍宽漾未秘蓉电》1935年6月23日，(台北)“国史馆”，蒋中正文物档案，002/080200/00232/008。

二、复电蒋伯诚，“准其直航首都”[1]，并称已电告海军部通令各舰不可在半途留难。

从19日至21日南京政府对圻琛两舰北归的处置及23日蒋介石同意两舰直航首都的意见来看，尽管决策层存在未能及时通知香港政府其态度的不足之处，但整体上处理得相当成功，若无其他意外发生，假以两日，圻琛两舰驶回南京自然不成问题。然而历史的诡异之处恰恰在于，某些看似偶然的因素往往能影响整个事件的发展走向。

第三节 海军部派舰接收及其中央身份不被认可之困境

21日18时，圻琛两舰驶离香港至横澜灯塔附近竟遭海军部“宁海”“海容”和“海筹”三舰炮击。深感意外的圻琛两舰紧急折回香港，并于20时前后致蒋介石“马戌”电汇报遭遇及请示北归办法。原本进展较为顺利的圻琛两舰北归，因21日晚海军部三舰炮击事件开始趋向复杂。

然而，在21日炮击事件前，蒋介石处理圻琛两舰北归的措施中并未指示海军部派舰南下。那么，海军部派舰南下究竟是奉命而为还是擅自主张？海军部三舰为何在香港附近炮击圻琛两舰？上述问题恰能反映出海军部与军委会关系的实际运作。海军部相关档案的缺失为探讨上述问题留下了遗憾，所幸的是时任海军部顾问英国海军上校莫士(J. A. V. Morse)随同海军部南下，事后于8月18日向英国驻华大使贾德干汇报了其随舰南下的整个过程，为研究这一问题提供了难得的资料。

据莫士报告，6月18日陈季良率领第一舰队停泊于舟山群岛，18时30分，陈季良在与第一舰队诸舰长进餐时，已经收到有关圻琛两舰离粤事，当时判断有率舰南下之可能。19日9时，陈季良对莫士表示已经收到率舰南下命令。17时30分，“海容”“海筹”两舰补充煤炭后，陈季良携海军部顾问莫士率

---

① 《蒋介石致蒋伯诚电》1935年6月23日，(台北)“国史馆”，蒋中正文物档案，002/080200/00232/006。

第一舰队主力军舰“宁海”“海容”与“海筹”三舰起航南下。[①] 莫士虽未在报告中提及南下命令源于何处，但从时间上判断显然是来自海军部长陈绍宽。其因有三：尽管蒋介石18日晚已经获悉圻琛两舰离粤事，但在前文所述19日3点指示中并未提到海军部，此其一。其二，现存史料显示蒋介石与陈绍宽就此事建立的直接联络是在23日，陈绍宽在向蒋介石汇报海军部派舰南下的电报中提到“海圻、海琛两舰离粤后，本部遂派陈季良次长率宁海、海容、海筹、通济等舰先后南巡防范一切”[②]，从措辞上看，“本部遂派”四字表明南下命令来自海军部。其三，当收到蒋介石“漾未秘蓉电”时，已经获悉炮击事件的陈绍宽在24日致蒋介石的电报中，将派舰南下的动因更改为“前奉钧谕”[③]，推卸责任之意甚为明显。正是由于擅自主张派舰南下，陈季良在南下接收圻琛两舰遇到了若干困难。

海军部三舰从舟山群岛出发至香港需在海上航行2天时间。20日晚，陈季良为探悉圻琛两舰在港动向，派遣具备无线电通信功能的“通济”舰从厦门出发前往香港。21日晨，“通济”舰先期到达香港，并于中午向陈季良报告圻琛两舰尚泊香港，计划于当日16时离港。由于海军部三舰到达香港约在20时左右，陈季良通过“通济”舰命令圻琛两舰在港等候他们的到来。[④] 随后，陈季良在舰上召开紧急会议并决定：如果叛舰没有遵令离开香港，他打算尽可能地拦截两舰；当两舰未服从他的信号，他将开火炮击[⑤]。会后，陈季良命令各舰进入战备状态。与此同时，莫士则致电香港，请香港方面通知圻琛两舰，海军部三舰即将到来，并再三要求圻琛两舰停留至次日。然而，此时圻琛两舰已经离港，因而从香港得到的回复是圻琛两舰已经起航驶往厦门[⑥]。

---

① *The incident of the rebel cruisers from canton*, 18th August, 1935, London, The National Archives, Foreign Office Files, China: 1949－1980, 371/19236/F7052, p. 127.

② 《陈绍宽致蒋介石漾电》1935年6月23日，(台北)“国史馆”，蒋中正文物档案，002/080200/00232/028。

③ 《陈绍宽致蒋介石敬辰电》1935年6月24日，(台北)“国史馆”，蒋中正文物档案，002/080200/00233/008。

④ *The incident of the rebel cruisers from canton*, 18th August, 1935, London, The National Archives, Foreign Office Files, China: 1949－1980, 371/19236/F7052, p. 128.

⑤ *The incident of the rebel cruisers from canton*, 18th August, 1935, London, The National Archives, Foreign Office Files, China: 1949－1980, 371/19236/F7052, p. 129.

⑥ Hong Kong to Alexander Cadogan, 21st June, 1935, London, The National Archives, Foreign Office Files, China: 1949－1980, 371/19236/F4060, p. 70.

值得探讨的是圻琛两舰出发前是否收到陈季良的命令。现存史料呈现完全相反的记载。据路透社消息，“海圻”舰出发前，代理舰长唐静海表示，“通济”舰来港后，他们认为“通济”舰隶属中央海军，既已决定投靠中央，理应与“通济”舰取得联系。两舰选派“海琛”舰副长吴支甫登“通济”舰询问其来此是否与南京处置二舰计划有关，但得到的答复却是“通济此次抵港，仅为训练游弋，并未接有南京方面关于二舰之训令”[①]。张凤仁在回忆文章中的说法与唐静海相同[②]。然而，唐静海等人在22日上午致蒋介石与汪精卫的“养巳电”称，陈季良在两舰折回香港后指责两舰“本日（21日）电通济派员通知候舰，暂缓开到，竟置不理，殊属有违命令”。由于“养巳电”正好对应莫士的报告，并考虑到档案文献的可靠性，笔者认为圻琛两舰在21日确实收到了由“通济”舰发来的暂缓离港的训令，而两舰之所以未遵海军部令，乃在于对海军部三舰“中央身份”与此来目的的怀疑，即唐静海所言的“通济舰祇派大副持字条至职舰，说缓开并未有正式公文即电报，且未奉有委座、院长训令着缓开，并[未]奉委座院长令知有陈司令来接”[③]。

18时，海军部三舰在香港横澜灯塔附近发现圻琛两舰后，立即发出“停下否则将会开炮”的信号，并通过无线电要求圻琛两舰“返回香港”。[④] 10分钟后，在圻琛两舰进入宁海射程且两舰未遵令的情况下，“宁海”舰开始炮击两舰。圻琛两舰因宁海三舰在己方射程之外，且又看到“宁海”舰悬挂有次长旗，因而未及还击便折回香港。所幸炮击之时，由于天降暴雨，遮天蔽日，“宁海”舰未能命中圻琛两舰。从莫士的报告看，炮击两舰的决定是陈季良在21日14时召开的舰长会议上作出的，是否获得陈绍宽的同意不得而知，但这一行动显然与1932年陈季良强行接收“中山”舰颇为相似。

尽管炮击事件破坏了海军部与圻琛两舰官兵之间仅存的信任，但陈季良此来香港的目的非常明确，即接收圻琛两舰。那么，在炮击事件之后，陈季良

---

① 《海圻海琛两舰离港北上中途折回》，1935年6月22日《申报》。

② 参见张凤仁：《东北海军的分裂与两舰归还建制》，载中国人民政治协商会议辽宁省委员会文史资料研究委员会编《辽宁文史资料》第4辑，辽宁人民出版社1964年版，第60页。

③ 《唐静海等致蒋介石养巳电》1935年6月22日，（台北）“国史馆”，蒋中正文物档案，002/080200/00232/083。

④ *The incident of the rebel cruisers from canton*, 18th August, 1935, London, The National Archives, Foreign Office Files, China: 1949 - 1980, 371/19236/F7052, p. 130.

是通过何种方式接收圻琛两舰呢?

首先通过外交方式,希望由香港政府出面扣押圻琛两舰。炮击事件后,圻琛两舰折回香港,而"宁海"三舰在未获香港政府允许的情况下无法驶入香港,只得驻泊港外,派遣英国海军上校莫士同"海容"舰副舰长周应骢(Thomas Chow)前往香港政府交涉。22 日 1 时 15 分,在与署理港督萧敦(Thomas Southorn)会谈中,莫士解释称"宁海"三舰此次来港代表中央政府,同时转达了陈季良希望由香港政府传达含有以下内容的信函给圻琛两舰官兵:"如果圻琛两舰将炮闩上缴并随'宁海'舰偕同入京,中央政府自当保证两舰员兵安全。"[①]令莫士颇为意外的是,萧敦明确表示南京政府并未提出"允许宁海舰驶入香港"的请求,更令莫士大为惊讶的是,萧敦称南京政府已经通知他,将圻琛两舰视为中国海军的一部分(units of the Chinese Navy)。不过萧敦接受了陈季良的请求,派遣一名卫士至"海圻"舰传送信函。

炮闩乃火炮上用于装填、发射炮弹的装置,圻琛两舰卸去炮闩即失去攻击能力。两舰官兵选派吴支甫赴宁海舰交涉,提出 4 条意见:"第一,本国人往来不应假英国人之手(因陈季良的公文是由英国小火轮送来的);第二,圻琛两舰炮栓不能缴,如果为了安全,可以互换;第三,下级应该服从上级,但上级不问青红皂白迎头就打,下级不能不进行自卫;第四,如开诚相见,我们请次长改乘海圻,指挥同回南京。"[②]两舰官兵明确拒绝了陈季良要求上缴炮闩之令,陈季良亦无法接受"互换炮闩"与"改乘海圻"等条件。24 日下午,圻琛续派代表至"宁海"舰商谈收容办法,但在关键的"上缴炮闩"一事上,仍无法达成一致意见。实际上,炮击事件后,圻琛两舰官兵向香港政府透露了其真实态度是"不会服从陈季良的命令,仅服从通过无线电联络的中央政府的命令[③]。即圻琛两舰官兵只服从蒋介石与军委会的命令。

闻知炮击事件后,蒋介石的态度是否因海军部三舰的介入而发生变化呢?史料显示蒋介石 23 日晚收到唐静海关于炮击事件的电报后,立即致电陈

---

① *The incident of the rebel cruisers from canton*, 18th August, 1935, London, The National Archives, Foreign Office Files, China: 1949 - 1980, 371/19236/F7052, p. 131.

② 张凤仁:《东北海军的分裂与两舰归还建制》,载中国人民政治协商会议辽宁省委员会文史资料研究委员会编《辽宁文史资料》第 4 辑,辽宁人民出版社 1964 年版,第 61 页。炮栓在电报中作炮闩。

③ Comodore Hong Kong to C. in C. China, 22nd June, 1935, London, The National Archives, Foreign Office Files, China: 1949 - 1980, 371/19236/F4063, p. 74.

绍宽，警告“此种处置恐徒逼之回粤或驱其投伪”，但蒋介石对于由海军部收容两舰仍持支持态度，“准其直航首都，妥为收容盼”[①]。“导之航京”是蒋介石处理此事的目标，在蒋介石看来，海军部三舰抵达香港则增加了成功接收的可能。至双方在缴交炮闩一事上纠缠时，蒋介石处理办法体现了上述原则，一面致电陈绍宽转令陈季良“就近和平抚慰，劝同北航，勿勒缴炮闩为要”[②]，一面指示唐静海等人“希即随同陈次长北航来京，勿再迟延为盼”[③]。26日，双方收到蒋介石裁示后，“上缴炮闩”之争即告解决。26日晚至27日晨，陈季良先后将海容、海筹、应瑞和通济四舰撤离香港，开赴厦门，以示收容诚意，同时，陈季良27日正式通知香港当局：“宁海、海圻、海琛三舰定三十日离港北归。”[④]

然而27日，双方围绕如何北航，再起争端。陈季良首先提出开行办法：“筹瑞二舰在前，圻琛二舰居中，宁海殿后，各距十海里”[⑤]。但在唐静海、张凤仁等人看来，由于“宁海”的航速快于“海圻”“海琛”的航速，“宁海”与圻琛两舰相距10海里（18 520米）恰好在“宁海”舰射程20 000米之内，而超出了圻琛两舰射程12 000米之外，陈季良所提之编队计划就是把圻琛两舰夹在中间，只能挨打不能还手，使两舰完全处于被动地位[⑥]。唐静海、张凤仁则针锋相对地提出“各舰可并行，舰距可为五百米”的开行办法，此意为双方均在对方的炮舰射程之内，圻琛两舰若遭炮战，尚有反击之力。遗憾的是，唐静海、张凤仁所提这一虽赋予两舰还击之权的方案，但在实力对比明显有利于接收方的情况下，未获陈季良首肯，使海军部错失了最佳接收时机。谈判陷入僵局，双方再次电请蒋介石裁示。

① 《蒋介石致陈绍宽梗亥电》1935年6月23日，（台北）“国史馆”，蒋中正文物档案，002/080200/00232/007。

② 《蒋介石陈绍宽有酉电》1935年6月25日，（台北）“国史馆”，蒋中正文物档案，002/080200/00232/107。

③ 《蒋介石致唐静海有酉电》1935年6月25日，（台北）“国史馆”，蒋中正文物档案，002/080200/00232/107。

④ 《圻琛两舰将随宁海北归》，1935年6月28日《申报》。

⑤ 《唐静海致蒋介石感未电》1935年6月26日，（台北）“国史馆”，蒋中正文物档案，002/080200/00233/104。

⑥ 张凤仁：《东北海军的分裂与两舰归还建制》，载中国人民政治协商会议辽宁省委员会文史资料研究委员会编《辽宁文史资料》第4辑，辽宁人民出版社1964年版，第62页。

而此时局势开始朝着不利于海军部的方向发展，首先圻琛两舰官兵态度趋于强硬。27 日下午，唐静海、张凤仁等人致电蒋介石，指出陈季良所提圻琛两舰居中之开行办法，“恐出海后被飞机威胁，前后夹击，是非无人证明”①，至晚间两人在致陈策的电报中提出了可接受的两种方案“务请中央派大员到舰，或请陈次长季良到海圻指导”，并以威胁口气指出若两者均不能接受，则“政府即发遣散费，员兵在此离舰”②。因此，在陈季良拒绝乘“海圻”舰回宁的情况下，中央只有另行派员赴港接收。

其次，香港政府态度骤变。圻琛两舰折返香港后，香港政府对此两舰仍视为中国舰队之一部分。同时，为了戒备类似炮击事件的“续有之可能的发展”，香港政府将“英潜艇、驱逐舰各一艘之请假登陆将士均经召回。另有英驱逐舰一艘开至九龙湾监视二舰，普防阻二舰中人登陆”③。然而 25 日，两舰官兵突然接到香港政府来函谓“接中国政府照会，着海圻离开本港”④。

香港政府何以在海军部接收最为关键的时期驱逐圻琛两舰离港呢？英方档案显示，此系英国驻华大使贾德干对局势的误判。从圻琛两舰 19 日入港至 25 日，香港政府始终未能收到国民政府对两舰处理意见的正式外交公文，其探悉国民政府态度的唯一渠道是贾德干大使在 18—19 两日分别与外交部长汪精卫、副部长徐谟的短暂会谈，从会谈中，贾德干获得两条重要信息：其一，国民政府正式宣布圻琛两舰为叛舰之前，香港政府仍视两舰为中国军舰之一部分；其二，国民政府希望香港政府出面驱逐两舰离港。香港政府以贾德干大使的上述信息视为国民政府的确切愿望⑤，在 21 日建议圻琛两舰离港时，恰逢圻琛两舰主动离港，但令香港政府措手不及的是圻琛两舰当日晚折返回港。在与圻琛两舰官兵的电文往来中得知两舰仅服从蒋介石与军委会的命令，香港政府对形势的判断是“局势似乎有可能陷入一个漫长的谈

---

① 《唐静海张凤仁致蒋介石感未电》1935 年 6 月 27 日，(台北)“国史馆”，蒋中正文物档案，002/080200/00233/104。

② 《陈策致蒋介石俭午电》1935 年 6 月 28 日，(台北)“国史馆”，蒋中正文物档案，002/080200/00233/094。

③ 《宁海将率圻琛两舰北归》，1935 年 6 月 23 日《申报》。

④ 《唐静海致蒋介石有申电》1935 年 6 月 25 日，(台北)“国史馆”，蒋中正文物档案，002/080200/00233/086。

⑤ Hong Kong to Alexander Cadogan, 21st June, 1935, London, The National Archives, Foreign Office Files, China: 1949 - 1980, 371/19236/ F4060, p. 70.

判期"[①]。

由于迟迟未见国民政府外交照会,香港政府只得再次通过贾德干探悉南京政府态度并寻求解决之道。颇为不巧的是,贾德干已于22日下午从南京飞赴北平[②],不但无法及时获悉国民政府态度,而且从贾德干25日致英国外交大臣赛缪尔·霍尔(Samuel Hoare)的报告中可知其本人对事件进展的了解仍停留在21日,贾德干向霍尔表示:"外交部部长汪精卫告诉我,圻琛两舰打算重新效忠中央政府,此后中国外交部又私下派员到驻华大使馆询问,是否可能由香港当局出面命令圻琛两舰指挥官率舰离开香港海域。我刚刚得到消息称,6月21日圻琛两舰离开香港后即遭到北方战舰的炮击,他们被迫返回。"[③]因此,贾德干大使给香港政府的回复是:"注意到中国外交部次长曾指出,两位舰长已经失去了对军舰的控制,并且由于这两艘巡洋舰似乎已经对香港的和平造成威胁,我认为您有理由要求两舰在限定的时间内离开香港水域,违者将被解除武装并处以扣留,直至中国政府按照自身的意愿对这一事件的处置作出决定。"[④]显然,贾德干大使的处理建议与局势的进展偏离甚远,但署理港督萧敦据此通知圻琛两舰立即离开香港海域,并安排英舰"多赛特郡"(H. M. S. Dorsetshire.)护送[⑤]。唐静海等人接到香港政府信函后,认定此举"系必海军陈次长所为也"[⑥],但此时"未便即日离港",乃采取拖延战术,复函香港政府,称轮机损坏,正在维修,至少需要四五天的时间。香港政府认为圻琛两舰之所以如此回复,是因为圻琛两舰当日收到了从南京发来的电报[⑦]。由于香港政府已经决定采取下一步行动取决于圻琛两舰是否服从南京

① Comodore Hong Kong to C. in C. China, 22nd June, 1935, London, The National Archives, Foreign Office Files, China: 1949 - 1980, 371/19236/F4063, p. 74.

②《英大使自京飞赴平》,1935年6月23日《申报》。

③ Alexander Cadogan to Sir S. Hoare, Peking, 25th June 1935, Documents on British Policy Overseas(DBPO), F5110/427/10. http://dbpo.chadwyck.co.uk/home.do.

④ Alexander Cadogan to Hongkong, 25st June, 1935, London, The National Archives, Foreign Office Files, China: 1949 - 1980, 371/19236/F4111, p. 81.

⑤ Comodore Hong Kong to C. in C. China, 26st June, 1935, London, The National Archives, Foreign Office Files, China: 1949 - 1980, 371/19236/F4135, p. 88.

⑥《戴笠致蒋介石宥子电》1935年6月26日,(台北)"国史馆",蒋中正文物档案,002/080200/00233/072。

⑦ Hong Kong to Alexander Cadogan, 25st June, 1935, London, The National Archives, Foreign Office Files, China: 1949 - 1980, 371/19236/F4129, p. 84.

的要求[①]，既然南京政府对圻琛两舰已有指令，遂决定不再驱逐圻琛两舰，而是给予足够的时间，因为“中国人有自己的一套方法解决这些纠纷”[②]。但香港政府并未将其态度的转变通知圻琛两舰官兵，唐静海遂致电蒋介石报告香港政府驱逐事并请求援助。

最后，圻琛两舰官兵态度的变化及香港政府驱逐信函促使南京政府对海军部接收两舰态度的改变。蒋介石收到唐静海等人的“有申电”后，并未直接怀疑海军部，而是于 27 日致电汪精卫向其求证外交部是否有“驱离”照会。28 日，汪精卫就照会一事专门回电蒋介石，其电文称：“外交部并无此项照会，定又是海军部所为”[③]，进而指责海军部在处理此次收容两舰时一意孤行，对军委会、行政院命令阳奉阴违，造成难以收拾之僵局，对海军部此次接收颇为失望。无独有偶，朱培德在 26 日致蒋介石的电文中亦表达对海军部此次接收的不满，称“此次对于圻琛两舰派宁海等舰南下炮击，事先事后均未呈报”[④]。军委会与行政院对海军部态度转变后，28 日经由朱培德与汪精卫协商后，决定“由军委会、行政院分令海军部速调宁海应端等舰回京”。当然，海军部此次对于圻琛两舰志在必得，其遵令回调宁海等舰的前提是圻琛两舰回京后拨归海军部。早在 24 日，朱培德闻知炮击事件情报后，在拟定的应对办法中有请蒋介石先密令将圻琛两舰“归还海军部以安厚甫(陈绍宽)心理”。蒋介石对此提议深表赞同，在 26 日回复朱培德的电文中表示“海军自当归还海部不成问题”[⑤]。陈绍宽据 28 日决议电令陈季良率宁海等舰回京。30 日下午，陈季良率领宁海等舰离港北航[⑥]。至此，陈季良率领的海军部南下接收舰队最终铩羽而归。

从 19 日陈季良率舰南下至 30 日离港北归，海军部赴港接收两舰，恰如莫

---

① Hong Kong to Alexander Cadogan, 25st June, 1935, London, The National Archives, Foreign Office Files, China: 1949 - 1980, 371/19236/F4166, p. 91.

② Hong Kong to Alexander Cadogan, 25st June, 1935, London, The National Archives, Foreign Office Files, China: 1949 - 1980, 371/19236/F4129, p. 84.

③《汪精卫致蒋介石俭电》1935 年 6 月 28 日，(台北)“国史馆”，蒋中正文物档案，002/080200/00234/019。

④《朱培德致蒋介石宥巳电》1935 年 6 月 26 日，(台北)“国史馆”，蒋中正文物档案，002/080200/00233/036。

⑤《蒋介石致朱培德宥申电》1935 年 6 月 26 日，(台北)“国史馆”，蒋中正文物档案，002/080200/00232/109。

⑥《陈绍宽致蒋介石冬午电》1935 年 7 月 2 日，(台北)“国史馆”，蒋中正文物档案，002/080200/00235/104；《粤舰队已恢复旧编制》，1935 年 7 月 1 日《申报》。

斯所言:"宁海等中央政府诸舰造访香港,彻底影响了圻琛两舰向中央政府的安全移交。"[①]问题是,陈季良率领的接收舰队均为当时最先进的军舰,与圻琛两舰相比拥有绝对武力优势,在港接收之时受到港督礼遇,同时接收之初又获得蒋介石的支持与信任,为何却无果而终?固然派系之见以及陈季良的处置失当都在一定程度上影响了海军部顺利接收圻琛两舰,然而除此之外,笔者认为接收失败的症结在于各方对海军部中央身份的质疑。其一,尽管陈季良声称代表中央赴港接收圻琛两舰,但香港政府并不认可海军部的中央身份,香港政府仅从外交途径与南京中央政府建立联络,在未接到外交部照会之前,即使对作为中央部门的海军部亦不承认其中央身份。其二,圻琛两舰官兵认为海军部乃"一省一系包办"[②],不足以代表中央,因而两舰官兵在回复香港政府的信函中即表示他们不会服从海军部政务次长陈季良之令,仅听从正在联络的军委会与蒋介石的命令。其三,即使在中央,海军部亦未能协调与军委会、行政院之间的关系,除了朱培德指责海军部派宁海等舰南下炮击,事先事后均未呈报之外,汪精卫的诘难颇具代表性:"该部此次一意孤行,愈弄愈僵,且为规避责任计,对军委会则云奉行政院令要如此办,对行政院则云奉军委会令要如此办,及在国防会议经弟与益之兄等互相证明,则又称直接奉尊处电令要如此办,今则索性矫称中央政府照会港政府矣,且对两舰始终用蛮,颇类乘机报复多年激愤,而不计急迫之走险,亦可谓无识。"[③]因此,当海军部的中央身份受到质疑时,军委会与蒋介石一旦认定海军部的行动与"导之航京"接收目标相违时,即预示着海军部接收必然失败。

第四节 军委会派员接收与善后处置

在陈季良率舰撤离香港之前,军委会已经拟定了以"派军委会军令处长

① *The incident of the rebel cruisers from canton*, 18th August, 1935, London, The National Archives, Foreign Office Files, China: 1949-1980, 371/19236/F7052, p. 138.

②《唐静海等致蒋介石电》1935年7月27日,(台北)"国史馆",蒋中正文物档案,002/080200/00463/002。

③《汪精卫致蒋介石俭电》1935年6月28日,(台北)"国史馆",蒋中正文物档案,002/080200/00234/019。

赴港接收圻琛两舰”为核心的接收方案，而这一方案经历了与陈季良率舰防范同时进行到陈策单独赴港接收的演变。实际上早在6月24日，两舰官兵鉴于21日炮击事件的教训，在陈季良坚决要求上缴炮闩并明确拒绝亲赴海圻舰指挥北航后，复请陈季良致电行政院长汪精卫、海军部长陈绍宽“拟请中央派大员来港乘坐两舰北上”①。唐静海、张凤仁等人深恐随陈季良起航后再遭宁海舰炮击缴械，遂致电蒋介石“万恳迅派大员来港骑乘戢舰，协同陈次长率领航入首都，可免中途发生意外”②。24日，朱培德除获悉宁海舰炮击两舰之事外，另接到陈季良转呈“该两舰拟请中央派大员来港乘坐两舰北上等情”，为使两舰尽早北归，朱培德拟定的处理办法为：其一，海圻海琛两舰来归中央后，拟请委座先密令归还海军部以安厚甫心理。其二，拟派陈处长策赴港接洽安慰，以免激成投伪。③ 在6月26日召开的国防会议上，决议“准该两舰自由行动”④，不必再加防范，令其随陈季良北航来京。同时汪精卫与何应钦、朱培德研究加派陈策赴港接洽两舰问题，三人均主张“加派陈策往港”，其理由是“以陈季良率宁海诸舰仍可防范，而陈策则在海圻舰上可使两舰安心，较为周匝”⑤。此意见由汪精卫电告蒋介石，只待蒋介石同意即可加派陈策赴港接洽。

然而中央未及派员，上缴炮闩事即告解决。27日，当北航开行办法致使谈判再陷僵局之时，局势陡转直下，唐静海、张凤仁等人再电蒋介石，指出陈季良所提圻琛居中之开行办法，“恐出海后被飞机威胁，前后夹击，是非无人证明”，再次恳请蒋介石“派大员来舰率领，或就近令陈次长（陈季良）到舰率领职”，并极为强硬的表示“不然政府即发遣散费，员兵在此离舰”⑥。

---

①《朱培德致蒋介石敬午电》1935年6月24日，（台北）“国史馆”，蒋中正文物档案，002/080200/00232/109。

②《戴笠致蒋介石有午电》1935年6月25日，（台北）“国史馆”，蒋中正文物档案，002/080200/00233/045。

③《朱培德致蒋介石敬午电》1935年6月24日，（台北）“国史馆”，蒋中正文物档案，002/080200/00232/109。

④《陈绍宽致蒋介石俭辰电》1935年6月28日，（台北）“国史馆”，蒋中正文物档案，002/080200/00234/020。

⑤《汪精卫致蒋介石宥申电》1935年6月26日，（台北）“国史馆”，蒋中正文物档案，002/080200/00233/073。

⑥《陈策致蒋介石俭午电》1935年6月28日，（台北）“国史馆”，蒋中正文物档案，002/080200/00233/094。

朱培德对圻琛两舰官兵渐趋强硬之态度颇为忧虑，为防止两舰他投，28日紧急与汪精卫协商收容圻琛两舰之新办法：

> (1)由外交部电港政府，声明圻琛两舰在港候陈处长策赴港率领航京。(2)由军委会、行政院分令海军部速调宁海、应端等舰回京。(3)遵委座电令即特派陈处长赴港接收圻琛两舰率其来京候命。(4)职拟先拨给五万元交陈处长带去接济。[①]

与此前收容两舰办法相比，军委会与行政院撤销了“宁海”等舰对圻琛两舰的防范，并饬令海军部舰艇回京。同时朱培德与汪精卫同意两舰请求，改派非闽系之军委会海军军令处处长陈策前往香港收容。与此同时，蒋介石于6月28日照准由陈策赴港收容圻琛两舰，直航回京[②]。

陈策赴港接收圻琛两舰极为顺利。就外部环境而言：一是外交部通过英国驻华大使正式通知香港政府军委会成员陈策代替陈季良接管圻琛两舰北归事[③]；二是陈季良已奉令回调“宁海”等舰返回南京。对圻琛两舰而言，身为军委会军令处长的陈策原为广东海军司令，曾在1932年与陈济棠爆发冲突，因而“对圻琛两舰反陈济棠极表同情”[④]。7月1日，陈策携5万元接济款由南京出发，经上海乘坐“浩华总统号”轮船赴港，并于4日下午抵达香港。5日，陈策登上“海圻”舰，宣示代表中央接收两舰之意，并交付若干现款，7日，陈策代表南京政府宣布正式接收圻琛两舰。因海琛舰轮机损坏，尚需修理，陈策遂定于9日晨率领两舰离港北归。7月18日，两舰抵达南京下关。

圻琛两舰北归之前，军委会通过统一海军军令进而促使海军中央化的计划仅停留在纸面上，而军委会成功接收圻琛两舰则使其获得了整合海军的时机与资本。尚在陈季良与圻琛两舰在香港争执不下之时，军委会海军军令处

① 《朱培德致蒋介石俭申电》1935年6月28日，(台北)“国史馆”，蒋中正文物档案，002/080200/00234/021。

② 《蒋介石致陈策电》1935年6月28日，(台北)“国史馆”，蒋中正文物档案，002/080200/00233/093。

③ Mission to Alexander Cadogan (Peking), 1st July, 1935, London, The National Archives, Foreign Office Files, China: 1949 - 1980, 371/19236/F4240, p. 99.

④ 张凤仁：《东北海军的分裂与两舰归还建制》，载中国人民政治协商会议辽宁省委员会文史资料研究委员会编《辽宁文史资料》第4辑，辽宁人民出版社1964年版，第62页。

长陈策拟定了将海军军令划归军委会主持办法两项:“(1)将海部所管之海军军令,本会直接主持,海部只管军政。(2)海军军令平时由本会令行,海部转行办理,已办者由部呈报本会,代办者由部呈会候核,但战时或绥请时应由本会直接主持。”其中第二项办法获得了朱培德的支持,他认为:“查海军军令向在海部兼管,致舰队等一切行动均不请示呈报,即此次对于圻琛两舰派宁海等舰南下炮击,事先事后均未呈报,实于本会职权有碍,惟现在海军军令处成立伊始,组织甚小拟采用所呈第(2)项办法较为适宜。”不过由于此时圻琛两舰尚未北归,并非军委会整合军令权的最佳时机,因而蒋介石复电朱培德“此事暂缓决定。”①

圻琛两舰北归后,军委会理应按照之前承诺将两舰交付海军部,然而却遭到圻琛两舰代理舰长唐静海、张凤仁的坚决反对。唐、张二人先后于 7 月 21 日致电蒋介石提出圻琛两舰官兵愿受武昌行营直接统辖并归张学良领导②,未获蒋介石同意后再于 25 日致电蒋介石恳请将圻琛两舰编成一支舰队,后一方案虽然仍未获支持,但却在方案中明确指出:“近闻陈部长本其偏私之见,仍以归队为词。查两舰与海部分裂十有余载,所有员兵教育、训练以及一切感情,一时实难于融洽,且彼等传统政策即为排斥非闽海系海军为目的,他且勿论,试问中山舰归队之后,今日尚存一原有员兵否? 即此可见一斑。”③

圻琛两舰官兵不愿直隶海军部的强硬态度不得不使蒋介石在处理圻琛两舰隶属问题时有所顾虑,并指示朱培德注意两舰官兵与海军部之间的矛盾,“惟拨归海部之前应如何令其彼与相安、诚信相感,希兄等妥拟办法具报”。④ 7 月 26 日,朱培德在与军政部部长何应钦、训练总监部总监唐生智协商后,拟定了圻琛两舰善后处理的甲乙两项办法:

---

① 《朱培德致蒋介石宥巳电》1935 年 6 月 26 日,(台北)“国史馆”,蒋中正文物档案,002/080200/00233/036。

② 《唐静海等致蒋介石电》1935 年 7 月 21 日,(台北)“国史馆”,蒋中正文物档案,002/080200/00240/118。

③ 《唐静海等致蒋介石电》1935 年 7 月 25 日,(台北)“国史馆”,蒋中正文物档案,002/080200/00240/112。

④ 《蒋介石致朱培德电》1935 年 7 月 18 日,(台北)“国史馆”,蒋中正文物档案,002/080200/00238/094。

甲项办法：(1)圻琛两舰仍编入第三舰队，暂驻长江；(2)第三舰队之行政归返海军部；(3)海军行政照军政部办法，无论人事经理均由军委会核送行政院照章办理；(4)全国海军军令实行划归军委会办理；(5)第三舰队司令人选，是否仍以谢刚哲充任，请钧座核定。

乙项办法：(1)将圻琛两舰另编为第四舰队或特务舰队，驻扎长江；(2)其办法与甲项同。

以上甲乙两项办法未决定以前，该两舰暂由本会直接处理，并拟请先行准予加委唐静海为海圻舰长，张凤仁为海琛舰长，以安军心。[①]

甲乙两项办法之差异仅在于，圻琛两舰名义上编入原属第三舰队（驻青岛）还是另建第四舰队或特务舰队。其余若干重要事项相同，反映出军委会力图借助于圻琛两舰建制一事解决两个层面问题：一是暂时性圻琛两舰隶属问题，拟定办法为：两舰驻泊长江；两舰所属行政权归返海军部；以谢刚哲充任两舰所属舰队司令。一是长久性全国海军军令权与海军军政权归属问题，军委会明确提出全国海军军令实行划归军委会办理；海军行政由军委会核送行政院照章办理，因海军部隶属于行政院，此两项办法实际上是使全国海军军令权与行政权悉收于军委会之下。

8月1日，蒋介石电陈绍宽，申明“密圻琛两舰已电军委会即令归属海部”[②]，并以朱培德所拟甲项办法前四条作为善后处理办法电询陈绍宽意见，同时试探陈绍宽对“第三舰队司令是否仍以谢刚哲充任及圻琛两舰之代理舰长唐静海、张凤仁两人，似可先行加委为正式舰长，以安军心”的态度。

4日，陈绍宽电复蒋介石，对圻琛两舰善后处理办法四项“自当遵照办理”，但对于谢刚哲是否听命海军部及唐静海、张凤仁两人资历是否足以堪任舰长持怀疑态度，如认为“唐静海、张凤仁两员均系民国十五年九月方毕业于葫芦岛航警班，在此三年前始充上尉职务，海圻舰长系一等上校缺，为我国海

① 《朱培德致蒋介石宥午电》1935年7月26日，（台北）“国史馆”，蒋中正文物档案，002/080200/00240/034。

② 《蒋介石致陈绍宽电》1935年8月1日，（台北）“国史馆”，蒋中正文物档案，002/080200/00240/030。

军各舰队之冠，海琛舰长亦系二等上校之缺，该两舰舰长职秩较高，该两员历资甚浅，钧会铨叙厅若按近所施行之任官任职条例加以审核，必感困难，将来其他人员叙职叙官亦多窒碍。”[①]尽管陈绍宽有此疑虑，然而并未动摇蒋介石委任唐静海、张凤仁两人为圻琛两舰舰长的决心。在蒋介石看来，委任圻琛两舰之代理舰长唐静海、张凤仁两人位正式舰长最大的作用是使两舰军心安定。

5日，朱培德将与陈绍宽面商后有关圻琛两舰善后相关人事、经费等项最终决定呈报蒋介石，其文如下：

> 至第三舰队司令仍以谢刚哲继任为宜。海圻、海琛两舰舰长，遵以唐静海、张凤仁二人分别加委。两舰经费，俟编制预算核定后，再行具报追加。惟第三舰队原有经费，经与何部长商定，仍照旧由平分会及青岛市政府分担，直接发放。[②]

7日，军委会训令海军部有关圻琛两舰善后处理决定，其令曰：

> 为令遵事，查海圻海、琛两军舰，由粤来京，着仍编入第三舰队，至第三舰队行政事宜，着归海军部办理，除电北平军分会转饬第三舰队司令谢刚哲，并令海圻、海琛遵照办理外，合行令仰该部遵照办理。此令。[③]

至此，圻琛两舰在北归中央后，经各方博弈，其善后处置呈现出较为复杂的态势：圻琛两舰驻扎南京，以唐静海、张凤仁为两舰舰长，在隶属上编入第三舰队，但第三舰队行政权划归海军部办理，然而包括圻琛两舰在内的第三舰队军费仍由军委会北平分会及青岛市政府发放。圻琛两舰的善后处理照

① 《陈绍宽致蒋介石支未电》1935年8月4日，（台北）“国史馆”，蒋中正文物档案，002/080200/00242/105。

② 《朱培德等电蒋中正文电日报表》1935年8月6日，（台北）“国史馆”，蒋中正文物档案，002/080200/00456/179。

③ 《海军公报》1935年第75期，第139—140页。

顾到了圻琛两舰官兵、海军部与第三舰队等各方利益诉求,并使海军部名义上获得了第三舰队的军政权,但在军费发放者拥有直接话语权的权力结构之下,海军部对圻琛两舰的军政权只能是浮于形式。因此,圻琛两舰善后处置实质上是将圻琛两舰置于“军委会主席蒋介石的海军军令处(the Naval Department)而非海军部的统治之下[①]。

对于以海军军令权相交换的陈绍宽而言,当其发现无法真正控制圻琛两舰时,乃以辞职向军委会施压。8 月 17 日,陈绍宽呈请行政院,以“承乏海部,愧无建树,每念国防空虚,尤觉寝食难安,迭次恳辞,未蒙俯准,滥竽三载,益滋惶悚。海长职责重要,实非才轻识闇如绍宽者所能胜任”为由,请辞海军部长职。然而军委会并未因此做出任何让步,仅由行政院代理院长孔祥熙于 21 日,以陈绍宽“实心任事,懋著谟猷,值此方亟,端赖继续努力,益固国防”予以慰留[②]。以辞职向军委会施压无效后,陈绍宽只得回部任事,接受军委会的既定安排。

第五节　结语

1935 年发生的“海圻”“海琛”两舰北归事件为海军部、军委会提供了一次实现海军中央化的难得契机。海军部在派舰接收过程中因处置失当而陷入进退维谷的尴尬境地。为此,军委会趁机接收两舰,并在两舰的善后处置中将全国海军政令划归其下办理,促使海军中央化路径发生重大转变。将 1935 年圻琛北归置于整个国民政府海军中央化进程中考察,可以发现其重要性至少体现在以下 3 点:

(一) 海军部接收两舰失败,使其失去统一海军的最佳时机,且暴露出闽系无法完成海军中央化的深层次原因在于其中央身份不被认可。1929 年海

① Mr. Howe (Peking) to Sir S. Hoare, Peking, 7th September 1935, Documents on British Policy Overseas(DBPO), F6781/427/10. http://dbpo.chadwyck.co.uk/home.do.

②《陈绍宽请辞海军部长案》,(台北)“档案管理局”藏,“史政编译局”: B5018230601/0023/325.7/7529。

军部成立之后，闽系始有中央海军之称，但在圻琛两舰北归一事中，其中央身份并不被军委会、地方军系和港英政府所认可，甚至海军部被圻琛两舰官兵指责为“一省一系包办”。除以往研究的共识“经费不足”之外，“中央身份不被认可”是闽系始终未能完成海军中央化的另一重要原因。

（二）南京国民政府时期海军中央化的主导者由闽系海军掌控的海军部逐渐转移至军委会。闽系自1927年易帜以来，凭借其掌握的舰艇吨位优势，按照《函陈统一海军计划案》试图从整合海军舰艇着手统一全国海军军政，尽管成果并不显著，但无可争议的是1935年之前国民政府海军中央化的主导者。1935年，军委会通过圻琛两舰北归及其善后处置，成功实现了对圻琛两舰的控制，并趁机将海军军令权从海军部手中收归其下。这在宣告海军部主导的海军中央化进程戛然而止的同时，军委会已然替代海军部成为国民政府海军中央化之新的主导者。

（三）海军中央化的路径由初期依靠闽系海军整合非闽系势力演变到整合非闽系势力并逐渐排挤闽系海军、消弭派系的全新海军中央化路径。依靠闽系海军整合非闽系海军在1935年之前是国民政府海军中央化的路径特点，1935年圻琛两舰北归后，军委会实行的是另一套迥异于海军部的中央化方案，并有意整合东北海军、广东海军等非闽系海军。至1935年年底，军委会能够控制的势力包括军令处长陈策（原广东海军）、圻琛两舰（原广东海军）、第三舰队、电雷系海军，上述人员在“排斥闽系领导的共同心理”以及军委会的整合之下①，国民政府海军展露出闽系与非闽系的态势，开始呈现出整合非闽系势力并逐渐排挤闽系海军、消弭派系的全新海军中央化路径。必须指出的是，闽系海军依然拥有舰艇与人才教育优势，即使在1937年江阴海战中舰艇尽失的情况下，其人才教育优势依然保持，这就意味着军委会主导的海军中央化是极其漫长的过程，一直持续到20世纪四五十年代。

① 张力：《从“四海”到“一家”：国民政府统一海军的再尝试，1937—1948》，《“中研院”近代史研究所集刊》1996年第26期。

第六章 抗战胜利后的海军重建

全面抗战爆发后，中国海军舰艇在江阴海战中几乎损失殆尽，遭遇自清末海军重建以来最严重的打击。据军令部调查，1945 年上半年中国海军共有舰艇 15 艘，其中仅“克安”“楚观”“楚谦”“楚同”四舰可勉强用于巡弋沿海一带，其余诸舰仅能担任长江一带防务[①]。海军学校方面，至 1945 年仅剩战后内迁贵州桐梓的马尾海军学校，“共有学生二百二十二名”[②]。军令部的这一调查定稿于 1945 年 8 月。然而，这支实力孱弱的海军经过约 1 年的重建后，即于 1946 年 10 月前往南海诸岛执行收复西沙群岛、南沙群岛的任务，并将之重新纳入版图。对于战后海军如何走向统一，学界已有相关论著涉及，台湾地区学者张力曾对指挥系统改组、舰队扩充及海军军官学校的建立等环节进行了详细的论述[③]。然而，仍有一些重要问题有待深入探讨，例如重建的新海军如何在短短 1 年之内就有如此巨大的改观？本章将运用台北“国史馆”“档案管理局”和“中研院”近代史研究所档案馆典藏档案，梳理抗战胜利前后至海军收复南海诸岛期间，国民政府重建海军的历史过程。

第一节 抗战胜利前国民政府对海军的整合

抗战前，国民政府海军主力由北伐期间易帜的各派海军组成。最初军委会并不掌握海军的军政与军令权，而且整合海军的主导权亦操之于闽系海军

① 《海军分防计划》(1945 年)，见高晓星编《陈绍宽文集》，海潮出版社 1994 年版，第 382 页。
② 《海军学校暨练营调整计划》(1945 年)，见高晓星编《陈绍宽文集》，海潮出版社 1994 年版，第 397 页。
③ 参见张力：《从“四海”到“一家”：国民政府统一海军的再尝试，1937—1948》，《“中研院”近代史研究所集刊》1996 年总第 26 期，第 302—312 页。

之手。经过长达10余年的竞逐与博弈，整合中国海军的主导权最终从闽系海军掌控的海军部手中转移至军委会。

一、全面抗战前海军统一路径之嬗变

战前，南京国民政府海军主要由广东海军和北伐期间先后易帜的闽系海军(后入主海军部，又称中央海军)、东北海军(又称青岛海军)等3支海军力量构成。时至1932年，国民政府三大海军派系之军令、军政仍操之于不同机构之手。海军部掌握着中央海军之军令、军政权①；东北陷落后，东北海军军令权转移至军委会北平分会管辖，海军军政仍掌握在青岛海军司令沈鸿烈之手；1932年5月—7月，陈济棠通过琼崖海战战胜陈策，将海军各舰整编为第一集团军舰队，实现了掌控广东海军政令的夙愿②。

1932年“一·二八”事变后，面对空前的国防压力，在国民政府内部海军部、军委会先后提出两套统一海军的方案。海军部所提统一方案集中体现在海军部长陈绍宽于6月4日向蒋介石呈请的《函陈统一海军计划案》之中，其实质是将全国海军军政置于海军部统一之下③。具体途径为发挥其绝对优势，从统一全国海军舰艇着手：其一，利用有限经费，建造新舰，增强实力。至抗战前，“海军部[历]年来建造订造之舰艇计有平海、宁海巡洋舰，逸仙、永绥、民权、民生、咸宁等炮舰，十宁等浅水炮舰。”④其二，利用其他派系战乱之际，派军舰收容出逃军舰。较为成功的案例是1932年7月，海军部接收“中山”舰。

军委会的方案则从统一海军军令入手。1933年1月，军委会修正《民国二十二年度军事委员会军事进行纲要》，其中关于海军部分，要求“中央、东

① 参见《朱培德致蒋介石宥巳电》1935年6月26日，(台北)“国史馆”，蒋中正文物档案，002-080200-00233-036。

② 参见高晓星、时平编著：《民国海军的兴衰》，载《江苏文史资料》第32辑，中国文史出版社1989年版，第145—148页。

③ 参见《函陈统一海军计划案》(1932年6月4日)，见高晓星编《陈绍宽文集》，海潮出版社1994年版，第92—93页。

④ 《海军部向国防会议秘书处函送历来重要工作及现状择要报告》，中国第二历史档案馆藏，国防部史政局和战史编纂委员会档案，787-2036。

北、广东三舰队一律收归军委会指挥，以一事权”[①]。1934 年，参谋本部第一厅第四处处长朱伟，[②]在呈请军委会之《国防计划海军部分》中，为军委会统一海军计划拟定了具体方案：“海军军令权归于最高军事机关而统一之。是即将广东海军之指挥权自第一集团之手、青岛海军之指挥权自北平军事委员会分会之手、将长江海军之指挥权自海军部之手，悉移而置之于军事委员会委员长之下。”[③]该方案的核心是将三派海军的军令权悉收归军委会，以统一全国海军军令。在实践层面，1935 年春，军委会决定成立海军军令处，以原广东海军系统的陈策为处长。[④] 海军处的成立表明军委会在 1935 年初已经迈出了整理海军军令的重要一步。

1935 年发生的圻琛北归事件为海军部、军委会提供了一次实现海军统一的难得契机。在此事件中，海军部接收两舰失败，使其失去统一海军的最佳时机，且暴露出海军部无法完成海军统一的深层次原因在于其中央身份不被认可。尽管闽系入主海军部之后有中央海军之称，但在圻琛两舰北归一事中，其中央身份并不被军委会、地方军系和港英政府所认可，甚至海军部被圻琛两舰官兵指责为“一省一系包办”[⑤]。除以往研究的共识“经费不足”之外，“中央身份不被认可”是中央海军始终未能完成海军统一的另一重要原因。

1935 年，军委会通过圻琛两舰北归及其善后处置，成功实现了对圻琛两舰的控制，并趁机将全国海军军令权划归其下办理。这在宣告海军部主导的海军统一进程戛然而止的同时，显示出军委会已然替代海军部成为主导国民

① 秦孝仪主编：《中华民国重要史料初编——对日抗战时期：绪论（三）》，（台北）中国国民党党史委员会 1981 年 9 月刊行，第 323 页。

② 朱伟，江苏江都人，1918 年赴日本海军大学留学。1930 年 5 月，国民政府任命朱伟为参谋本部第一厅第四科科长。1932 年，第一厅第四科改制为第四处后，升任第四处处长。1937 年 11 月担任该部高级参谋。从其履历可知，朱伟受过海军高等教育，熟悉海军事务，且与闽系海军无甚渊源。

③《海军国防军委会计划草案及改订海军作战计划草案》，中国第二历史档案馆藏，国防部史政局和战史编纂委员会档案，787－2129，第 67—69 页。值得注意的是该草案署名为“参谋本部第一厅第四处处长朱伟拟”，在第 54 页有“二三年份。第一次呈送军委会”字样，由此可以推断该草案乃参谋本部第一厅第四处处长朱伟拟定，并于 1934 年第一次呈送军委会。

④《朱培德等电蒋中正文电日报表》1935 年 2 月 13 日，（台北）“国史馆”，蒋中正文物档案，002－080200－00461－064。

⑤《唐静海等致蒋介石电》1935 年 7 月 27 日，（台北）“国史馆”，蒋中正文物档案，002－080200－00463－002。

政府海军统一的新机构。至1935年年底，军委会能够控制的势力包括军令处长陈策（原广东海军）、圻琛两舰（原广东海军）、第三舰队、电雷系海军，上述人员在排斥海军部领导的共同心理以及军委会的整合之下，开始呈现出整合非中央海军势力并逐渐排挤中央海军、消弭派系的全新统一海军路径。

然而从1936年至全面抗战爆发，军委会并未取得统一海军的更进一步成果。一方面是因为中国海军在面临日益严重的对日备战压力下，将工作重心用于长江布防；另一方面则因军委会办公厅主任朱培德突于1937年2月因注射感染去世，使得军委会失去了整合海军的主力干将。

二、战时军委会逐渐掌控海军重建的主导权

全面抗战爆发后，闽系海军在江阴海战中表现英勇，但也付出了极其惨重的代价，其主力舰艇悉沉于长江，仅剩为数不多的炮舰。1938年1月，海军部奉命改编为海军总司令部（下文简称海军总部），以陈绍宽为海军总司令，该部人员仍以闽籍人士为主。此后闽系海军以江中布雷为主要任务，其间虽有数次关于复兴海军的讨论，但在当时抗战的大背景下，均为昙花一现，不可能付诸实施。在主力舰艇尽失后，相对于其他派系海军，闽系海军依然掌握着人才优势。这表现在：其一，海军总部仍以闽系海军人员为主，且人数远高于其他海军派系人员；其二，1941年青岛海军学校停办后，闽系培育未来海军人才的马尾海军学校尽管自1938年迁往贵州桐梓，但却成为国民政府仅存的一所海军学校。由此可见，从海军总部成立至太平洋战争爆发约4年的时间里，海军在舰艇悉数沉没的情况下，将战场转向江中布雷，海军重建无从谈起，而闽系海军的优势仅存人才一项。

太平洋战争爆发后，闽系海军的人才优势开始受到军委会的挑战。1941年12月日本偷袭珍珠港，9日国民政府正式对日宣战。中国加入世界反法西斯同盟后，从1942年开始借助于英美两国的军事援助，不断派员赴英美参战见习和借舰参战。无论是海军总部还是军委会均意识到此时所选派的海军官兵在未来必将成为中国海军的中坚力量，因此对所派人员的出身极为重视。尽管陈绍宽力图为闽系海军官兵提供机会，以便继续掌控海军，然而军委会完全处于主导地位，在选拔军官之时，尽可能照顾到不同派系的海军

人员[①]。据张力统计，太平洋战争爆发后国民政府选派英美受训海军军官出身情况如下：

表 6-1　战时派赴英美受训海军军官出身统计表

类别	考选时间	马尾	黄埔	青岛	电雷	其他	合计
赴英美实习参战及造船	1942 年 11 月	10	9	33	8	14	74
续派赴英实习参战及造船	1943 年 10 月	21	0	5	0	0	26
赴美借舰参战	1944 年 10 月	19	7	18	12	4	60
赴英借舰参战	1944 年 10 月	3	1	4	1	0	9
续派赴英借舰参战	1945 年 10 月	25	12	63	4	0	104

资料来源：张力《1940 年代英美海军援华之再探》，见李金强、麦劲生、刘义章合编：《中国近代海防史国际学术研讨会论文集》，香港中国近代史学会 1996 年刊行，第 296—297 页。

恰如张力所言，军委会于抗战后期掌握选派海军军官赴英美受训的主导权后，“闽系海军原有的优势地位大为降低，新的中央海军该如何组成，已非闽系海军人士所能掌握。”[②]抗战胜利前后，蒋介石开始着重考虑如何建设、由何人负责建设一支完全听命于中央的新海军，闽系海军的建军方案与高层人员已不在蒋介石的考虑之列。

综而言之，北伐结束后，闽系海军力主通过掌控海军中央机构的有利条件实现海军统一，但未能取得实质进展。1932 年“一·二八”事变后，在国民政府内部海军部、军委会先后提出两套路径迥异的海军统一方案，前者侧重从统一海军军政入手，后者力求划一海军军令。1935 年，海军部未能妥善处理海圻、海琛两舰北归事件，使其失去统一海军的最佳时机，且暴露出海军部无法完成海军统一的深层次原因在于其中央身份不被认可。与此同时，军委会通过圻琛两舰北归及其善后处置，成功实现了对圻琛两舰的控制，并趁机将全国海军军令权划归其下办理。全面抗战爆发后，闽系海军的舰艇实力被严重削弱，其吨位优势不再。及至太平洋战争期间，军委会透过选派海军军

① 参见张力：《1940 年代英美海军援华之再探》，载李金强、麦劲生、刘义章合编《中国近代海防史国际学术研讨会论文集》，香港中国近代史学会 1996 年刊行，第 296 页。

② 张力：《从“四海”到“一家”：国民政府统一海军的再尝试，1937—1948》，《“中研院”近代史研究所集刊》1996 年总第 26 期，第 313 页。

官赴英美受训、接收英美赠舰等掌握了建设新海军的主导权。经过长达10余年的竞逐与博弈，整合中国海军的主导权最终从从闽系海军掌控的海军部手中转移至军委会，这是抗战胜利前后中国重建新海军的重要前提。

第二节　战后新海军重建的内政与人事处置

太平洋战争爆发前，国民政府曾多次筹议重建海军，并形成了数个重建方案，但始终未能付诸实施。战后中国海军重建肇始于太平洋战争后英美两国对华军事援助，1947年行政院新闻局编写的《中国新海军》对此总结道："建立新海军的缘起，是在太平洋军事形势好转以后，美国海军正向日本本土迈进的时候，为了适应军事需要与配合盟军在我东南沿海登陆期间，美国决心助我重建海军，以打通中国之路。"[①]不过，除了选派海军军官赴英美受训与接收英美赠舰外，太平洋战争爆发后的相当长时间内，军委会在海军重建上几无推进举措。直到1945年，有关战后海军重建的事务才被提上议事日程。这一时期的蒋档与《蒋介石日记》显示，蒋介石关注的问题包括：其一，设置新海军的中枢机构[②]；其二，战后建设新海军的主管官的人选问题。

一、设置新海军的中枢机构：从海军处到海军总部

1945年4月，一份以"在军政部内设海军处"为核心内容的重建中国新海军的意见书，经国民政府召集第三十六次最高幕僚会议研究后获得通过。尽管海军总部代表杨庆贞对此持反对意见，"请求暂行保留，俟征询陈总司令意见后，再请核夺"，但蒋介石在批示中指示"准照议成立"。[③] 这表明军委会决定在海军总部之外另设海军处作为重建新海军的中枢机构。由于新成立的

① 行政院新闻局：《中国新海军》，1947年，第16页。

② 《蒋介石日记》1945年11月1日，"本月大事预定表"，斯坦福大学胡佛研究所档案馆藏；《蒋介石日记》1945年12月1日，"本月大事预定表"，斯坦福大学胡佛研究所档案馆藏。

③ 王正华编辑：《蒋中正档案·事略稿本》(60)，(台北)"国史馆"2011年版，第425页。

海军处隶属于军政部，1944 年 11 月取代何应钦执掌军政部的陈诚开始介入海军事务，成为影响海军重建的另一关键人物。

1945 年 9 月 1 日，国民政府命令在军政部之下正式设立海军处，掌管海军的行政、训练、教育与建造等事项，下设办公室和总务、军务、训练、技术 4 组[①]。海军处正常运行 3 个月有余之后，蒋介石决心撤销海军总部。12 月 27 日，蒋介石分别致电陈绍宽与陈诚："海军总部准予撤销，其业务一切由军政部海军处接收，限卅五年一月卅日以前交代完毕可也。"[②]蒋介石在当日的日记中将下令取消海军总部与同时取消陆军总司令部视为战后"军事整革之起点"[③]。31 日下午，军政部海军处派副处长周宪章前往海军总部办理交接事宜。交接完成后，陈绍宽随即离开海军总部。海军处接管海军总部后，成为国民政府设立的唯一掌管海军事务的官方机构，同时也标志着军委会在与海军总部关于海军政令统一的竞逐中最终胜出。

1946 年 3 月，海军处因业务激增，获准扩编为海军署，陈诚兼任署长，实际部务仍由副署长周宪章负责。1946 年 6 月，国民政府国防体系全面改组，新设国防部以取代军事委员会。军政部海军署改编为海军总司令部，隶属国防部，国防部参谋总长陈诚兼任海军总司令，周宪章任海军总部参谋长。

二、主管官的人选问题

由于海军派系林立，有关建设新海军的人选问题给蒋介石带来了困扰，迟至 1945 年 2 月 25 日，蒋介石仍在日记中将"建设海军之中心人选"作为预定事项之一[④]。蒋介石在人选问题上的犹豫不决所透露出的信息是，他并未将海军总部司令陈绍宽视为唯一人选。实际上此时的蒋介石并无合适的主持海军建设的人选。

首先，蒋介石对陈绍宽的不满日渐增强。陈绍宽在北伐期间，原为海军

① 《南京国民政府军政部海军处职官表》，见刘传标编纂《中国近代海军职官表》，福建人民出版社 2004 年版，第 281 页。

② 《蒋中正电令撤销海军总部其业务由军政部海军处接收》(1945 年 12 月 28 日)，(台北)"国史馆"藏，蒋中正文物档案，002 - 010300 - 00057 - 081。

③ 《蒋介石日记》，1945 年 12 月 27 日，斯坦福大学胡佛研究所档案馆藏。

④ 《蒋介石日记》1945 年 2 月 25 日，斯坦福大学胡佛研究所档案馆藏。

第二舰队司令，此后由于蒋介石的赏识，逐步取代杨树庄而成为海军部部长。作为回报，陈绍宽在此后数次战事中坚决支持蒋介石。但是作为闽系海军的代表，陈绍宽在对日整军备战的大背景下，力图实现由闽系统一全国海军，这与军委会的方案产生根本冲突，使其在军委会树立了不少政敌。此外，陈绍宽主政海军部及后来的海军总部期间偏向任用闽人，排斥非闽系，海军内部的派系问题非但没有得到化解，反而逐渐形成了闽系与非闽系的对抗。上述现象非蒋介石所乐见，即使从国内政争的角度而言，蒋介石希望建设一支统一而非四分五裂的海军，战后的陈绍宽已无此号召力。

其次，非闽系海军派系无卓越人物可用。全面抗战前的青岛海军、广东海军及电雷系均无合适人选。青岛海军代表沈鸿烈与谢刚哲先后担任第三舰队司令，前者自 1933 年“薛家岛事件”后就不再插手海军事务，后者在抗战爆发后虽曾担任长江江防要塞守备司令部司令、军事参议院中将参议等职，但于 1939 年辞职，两年后病逝于兰州①。广东海军中较得蒋介石信任的陈策在抗战后即脱离海军系统，1945 年更是出任广州市市长。电雷系欧阳格原为黄埔军校一期毕业，此后经历多与海军有关，但在 1940 年 8 月欧阳格因贪污的罪名在重庆被枪毙。由此可见，抗战期间非闽系海军中重要人物，或已去世，或脱离海军系统，并未出现一位足堪肩负重建新海军重任的卓越人物。

1945 年 4 月，第三十六次最高幕僚会议通过在军政部下设海军处的决议后，何人担任海军处处长一职，成为当时亟待解决的问题，但蒋介石仍未圈定具体人选。为了推动海军处尽快落实成立，6 月 30 日，军政部长陈诚向蒋介石建议暂时由其兼任海军处处长一职，待有合适人选时再行委任，同时建议由海军上校现任军委会留英学生上校领队官周宪章充任副处长一职。② 由非海军系统出身且位居军政部长的陈诚兼任海军处处长一职，有其积极意义：一是它向外界传达出海军处这一机构在战后海军重建的地位以及政府对海军重建的重视。正如 1946 年陈诚出任国防部参谋总长兼任海军总司令时，舆论解读为：“我们由此可知，政府对海军之建设，已具决心。”③二是陆军系统出身的陈诚在一定程度上可以有效缓解海军内部的派系斗争，从而为战后海军

---

① 刘国铭主编：《中国国民党百年人物全书》下，团结出版社 2005 年版，第 2197 页。

② 王正华编辑：《蒋中正档案·事略稿本》(61)，(台北)“国史馆”2011 年版，第 248 页。

③《建设中国新海军》，《南北(北平)》1946 年第 3 期，第 2 页。

重建提供相对缓和的内部氛围。故而，蒋介石对于陈诚这一人事建议极为赞同，表示“处长由部长兼任甚妥也”，但对于副处长一职，蒋介石认为可派两员，并希望能够启用海军中年龄较轻的少壮派人员[①]。

不过，作为蒋介石亲信的陈诚此时需要面对接收东北等各种棘手问题，既无精力亦无经验去管理海军事务。为了责有专属，陈诚于1946年9月1日向蒋介石推荐桂永清担任海军总司令或副总司令代总司令，希望由桂永清全权负责海军总部事务。蒋介石赞同由桂永清出掌海军大权，但考虑到桂永清并无海军服役经历，仅同意由桂永清任“副总司令兼代总司令”[②]。9月26日，国民政府正式任命桂永清为海军副总司令兼代海军总司令。

桂永清为何能够掌管战后的海军大权？据张力研究，黄埔军校一期毕业且一直服务于陆军系统的桂永清之所以能够出掌海军大权，有以下原因：第一，抗战爆发前，桂永清曾任中央陆军军官学校教导队总队长，借助于青岛、电雷、黄埔海校学生前往该队受训之机，他与日后海军少壮派军官建立了师生关系。第二，1943年，桂永清调任驻英军事代表团团长，恰逢国民政府派员赴英实习与借舰参战，由此与这批海军军官建立了良好关系。第三，桂永清服务陆军期间，颇受何应钦赏识。第四，抗战初期武汉成立军事委员会战时工作训练团第一团，陈诚为副团长，桂氏任教育长，陈诚与桂永清亦维持密切关系。[③]

出于上述原因，桂永清从1946年9月底开始掌管中国海军。此后，桂永清完全效命于蒋介石，南下收复南海诸岛，北上运兵“剿共”，由此获得了蒋介石的认可。1948年7月，蒋介石认为由桂永清担任海军总司令全面负责海军事务的时机已经成熟，乃于16日电令国防部长何应钦、参谋总长顾祝同研究“桂永清海军司令职似可除真”问题。[④] 8月25日，桂永清正式被任命为海军总司令。

关于桂永清入主海军对海军的影响及后世评价问题，张力已有探讨，整

---

① 王正华编辑：《蒋中正档案·事略稿本》(61)，(台北)“国史馆”2011年版，第248页。

②《陈诚呈蒋中正海军总部改组时任桂永清为海军总司令等职》(1946年9月1日)，(台北)“国史馆”藏，蒋中正文物档案，002-020400-00026-113。

③ 台湾“海军总部”编：《海军舰队发展史(一)》，(台湾)“史政编译局”印，2001年版，第102—103页。

④《蒋介石致何应钦等电》1948年7月16日，(台北)“国史馆”藏，蒋中正文物档案，002-010400-00039-032。

体而言，海军人士对桂永清毁誉参半，既注意到其在战后海军重建中发挥的作用，亦不讳言因其大量擢用陆军系统出身人员而对海军造成的负面影响。[①] 事实的确如此。不过桂永清介入海军产生影响始于 1946 年 9 月，此时海军重建已历一年有余，且有关收复南海诸岛的决策已经完成，正进行相关准备工作。换言之，迟至 1946 年 9 月才介入海军事务的桂永清对战后海军重建所产生的影响恐怕并不如亲历者所忆的那样重大。此外，有学者注意到 1949 年宣布起义的海军著名人士，如陈绍宽、李世甲、曾国晟、邓兆祥和林遵等人均为闽系，认为这或与国民政府削弱闽系势力及桂永清职掌海军有关。[②]

问题是，在桂永清入主海军之前，国民政府在重建海军之初是否即秉持排斥闽系作为建军的手段之一？实际上这一时期无论是蒋介石还是陈诚均对闽系海军采取分化瓦解的策略。具体言之，其策略为排斥闽系高层，重用少壮派海军人员。张力曾对蒋介石建立海军的目的作过如下精彩剖析："就蒋中正而言，他希望海军效忠的对象是国家，甚或是他本人，一个被闽省人士所垄断的海军，无意容纳各省菁英，自然不能健全发展成中国的海军，也威胁到他的领袖地位。"[③]由此可见，建立一支政令统一的中央化海军一直是蒋介石建立新海军的首要目标。世界反法西斯战争即将胜利之时，蒋介石认识到中国迎来了重建海军的最佳时机，为此他不但在 1945 年上半年筹划设立新的海军中枢机构和人事安排，而且多次致电行政院院长宋子文指示"建设海军应即日着手"。[④]

受抗战影响，以地缘与血缘为纽带形成的闽系海军面临高层将领凋零的现实。抗战爆发前，曾任海军部部、次长及第一、第二、练习舰队司令者，包括陈绍宽、陈季良、陈训泳、李世甲、王寿廷、曾以鼎[⑤]，其中曾任练习舰队司令、

① 张力：《从"四海"到"一家"：国民政府统一海军的再尝试，1937—1948》，《"中研院"近代史研究所集刊》1996 年总第 26 期，第 313 页。

② 张力：《从"四海"到"一家"：国民政府统一海军的再尝试，1937—1948》，《"中研院"近代史研究所集刊》1996 年总第 26 期，第 316 页。

③ 张力：《从"四海"到"一家"：国民政府统一海军的再尝试，1937—1948》，《"中研院"近代史研究所集刊》1996 年总第 26 期，第 312 页。

④《蒋中正电宋子文应即着手建设中国海军美海军考察团考察后再定建议》(1945 年 8 月 22 日)，(台北)"国史馆"藏，蒋中正文物档案，002-0020300-00032-103。

⑤ 陈季良长期担任第一舰队司令，曾任海军部常务次长、政务次长，并于 1934 年 12 月至 1935 年 3 月代理海军部部长，为战前闽系海军的二号人物。

海军部常务次长，时任海军总部参谋长的陈训泳于 1944 年 6 月卒于任上，时任海军总部参谋长兼第一舰队司令的陈季良于 1945 年 4 月因病去世。此外，全面抗战爆发时因病滞留沪上的练习舰队司令王寿廷于 1944 年病逝于上海。因此，至抗战胜利时，闽系高层仅陈绍宽、李世甲与曾以鼎三人尚在人世。战时闽系海军高层之凋零，由此可见一斑。

战后海军重建时，上述三人均遭排斥。从 1944 年年底蒋介石决心另起炉灶重建海军起，陈绍宽已不在其主持海军重建人选之列。此后尽管陈绍宽作为中国海军代表参加 1945 年 9 月 9 日在南京举行的中国战区受降仪式，但有关海军重建的实质性工作，诸如人事安排、接收美国赠舰等，陈绍宽皆无权过问。12 月，随着海军处的组织与人事日臻成熟，撤消海军总部已成必然之事，但新建海军中并无陈绍宽的位置。或因陈绍宽未执行蒋介石派“长治”舰北上的命令，12 月 20 日，蒋介石在日记中表达了对陈绍宽的不满，他说：“陈绍宽之挟[狭]小无能，乃为陆海军无独有偶。”[①]31 日，海军处副处长周宪章奉命接管海军总部时，并未带去有关陈绍宽职务调整的命令，在此情况下，陈绍宽在完成交接后，当即离开海军总部下榻下关饭店，此后不久返回故乡。蒋介石虽无意再让陈绍宽操办海军，但鉴于陈绍宽的卓越学识与主持海军的丰富经验，仍希望陈能够充任顾问一类的职务。蒋介石此举或有避免授人以“排斥闽系海军”之口实的考虑，但陈绍宽深知在无舰艇等实力的情况下，他在军委会主导的新海军建设中已难有所作为，遂拒绝了蒋介石的任命。

海军总部被撤之后，作为陈绍宽最倚重的亲信之一的李世甲决定与陈绍宽共进退。战后李世甲被陈绍宽任命为海军台澎区接收专员，全权负责接收台澎地区的日本海军机构、舰艇与物资。1945 年 9 月，海军总部设台澎要港司令部，李世甲为首任司令。海军处接收海军总部后，李世甲乃于 1946 年 5 月辞职，退出海军系统，追随陈绍宽返回福州。

1945 年 4 月，海军总部参谋长陈季良因病去世，后由第二舰队司令兼江防副总司令曾以鼎继任参谋长一职，成为闽系海军的第二号人物。曾以鼎任职参谋长之时，正是陈诚受命筹建海军处之时，据曾的副官刘崇平回忆，陈诚想乘机在海军高级军官中掀起反陈的浪潮，拟调曾以鼎到陆大将官班受训，

① 《蒋介石日记》1945 年 12 月 20 日，斯坦福大学胡佛研究所档案馆藏。

予以与同期受训的集团军总司令相同的待遇，并暗示可取陈而代之。但曾为了顾全大局没有同意[1]。拉拢较低一级别的官员反对其上司，事成之后由其取而代之，是陈诚等人常用的分化瓦解之策。抗战胜利后，军委会仍未放弃拉拢曾以鼎，委任其为海军总接收专员，主办接收日伪海军工作，以抗衡陈绍宽委任他的"海军上海总接收专员"一职，以示重用之意。然而，时年54岁的海军参谋长曾以鼎既无意取陈而代之，亦不愿在新海军中担任要职，乃于海军总部撤销后去职寓居上海。

或因艰苦抗战不幸染病牺牲，或出于对陈绍宽的忠诚，或不愿参与新海军建设，以陈绍宽为代表的闽系高层最终于1945年年底瓦解。然而，与此态度截然相反的是，蒋介石与陈诚等人对闽系海军中的少壮派则采取拉拢重用之策。曾在陈绍宽身边工作过的曾国晟在《记陈绍宽》一文中作如下回忆：

> 陈诚还从分化闽系海军入手，给陈绍宽以沉重的打击。陈诚的亲信王东原任中央训练团教育长时，入训的闽系海军军官不经海总部选送，而是直接由军委会指名的。凡入训者，王必召见谈话，当时被召见的青壮年军官中以林祥光最受王青睐，林被王拉拢后，即调为委员长侍从室参谋，以后由林出面与海军军官直接联系。林曾两度有意于我，说王东原希望我去中训团帮王做一番事业，并以中训团中队长职务为饵，我都予婉谢。林即用蒋令向海总部调我，我以病辞，终不入股。王东原又用军委会名义，调海总部所属机构的海军人员到国防研究院。该院教官曾万里，就是林祥光持蒋令直接交给其本人，把他调到中训团受训后拉过去的。陈绍宽对陈诚使用王东原分化闽系海军，直接调员的做法极为不满，而唯一对抗的办法，就是把林祥光、曾万里等人说成是"逃员"，并请军委会通缉他们。军委会当然不予理会，"逃员"安然无恙，仍自由出入于海总部，陈绍宽亦无可奈何。[2]

① 刘崇平、魏应麟：《曾以鼎其人》，载中国人民政治协商会议福建省委员会文史资料研究委员会编《福建文史资料选辑》第8辑：《海军史料专辑》，福建人民出版社1984年版，第201页。

② 曾国晟：《记陈绍宽》，载中国人民政治协商会议福建省委员会文史资料研究委员会编《福建文史资料选辑》第8辑：《海军史料专辑》，福建人民出版社1984年版，第181—182页。

王东原担任中央训练团教育长的时间是1940年。1944年夏，王东原继陈诚之后任湖北省主席同时兼任第六战区副司令长官，不过，陈诚直到1944年11月才担任军政部部长，时在王东原去职中央训练团教育长之后。因此，曾国晟推测陈诚掌管军政部业务之前即安插亲信、培植海军势力恐与事实不符。实际情况是，中国加入世界反法西斯同盟后，出于外交与军事层面的考虑，军委会需遴选海军官员赴英美担任海军武官等职，如林祥光经中央训练团培训后，1943年从海军少校候补员擢升为"侍从室海军中校参谋"，1946年2月任驻美海军武官。

尽管曾国晟的这段回忆材料有不够准确之处，但其史料价值在于它提供了军政部筹设海军处之前，军委会拉拢闽系海军少壮派以培植海军势力的策略与途径。这一途径是：军委会跳过海军总部直接挑选闽系海军少壮派中的优异者，入训中央训练团或任职国防研究院，然后调入军委会委员长侍从室或参谋总长办公室担任海军参谋，最后派赴英美或担任海军武官或执行接舰任务，回国后即在海军中委以重任。除曾国晟所言林祥光入训后的任职经历颇具代表性外，战后担任进驻西沙群岛、南沙群岛舰队指挥官的林遵，亦与此相似。1942年2月，林遵进入重庆国防研究院学习深造，1944年毕业，在军事委员会参谋总长办公室任海军参谋。1945年9月，林遵被派往海军驻美公使馆担任海军副武官，负责率领美赠八舰回国。抗战胜利后，军政部内设海军处，军政部长陈诚自兼处长，以周宪章为副处长，"并以在中训团受过训的闽系军官为骨干，专门审批海总部的公文，时时与陈绍宽为难"①。

1945年9月至次年9月，即海军处成立到桂永清担任海军副总司令兼代总司令这段时间，周宪章实际负责海军业务。周宪章，字显丞，1897年出生于安徽当涂县，就地缘而言，周虽非福建籍贯，但因1916年12月毕业于吴淞海军学校（编为烟台海军学校驾驶班第十届毕业生）②，在学缘上仍属于典型的闽系海军。此后周宪章供职于南京海军部，其间曾赴英国格斯威治海军学校

① 曾国晟：《记陈绍宽》，载中国人民政治协商会议福建省委员会文史资料研究委员会编《福建文史资料选辑》第8辑：《海军史料专辑》，福建人民出版社1984年版，第182页。

② 该校校长为闽系元老人物萨镇冰。1915年交通部吴淞商船学校和南京海军军官学校合并，改为吴淞海军学校。海军部以烟台海军学校为海军初级学校，吴淞海军学校为海军高级学校，烟台海军学校的学生学完3年基础课程后，调往吴淞海军学校续修2年专科。1920年，该校停办，共毕业5届学生，即烟台海军学校第9届至13届。

与朴茨茅斯海军学校留学。抗战爆发后，周担任迁往桐梓的马尾海军学校中校训育主任，此后入训中央训练团，先后在第四期、第六期培训[①]。1943 年 6 月任军委会留英学生上校领队官。由此可见，抗战后期经军委会刻意培养后，周宪章供职单位逐渐由闽系海军总部转向军委会。1945 年 6 月 30 日周宪章获得陈诚信任，拟定为筹设中的军政部海军处副处长一职[②]。1945 年 9 月 1 日，军政部海军处正式成立，周宪章出任副处长，负责海军处的具体事务。1945 年 12 月底，军政部海军处接收海军总部时，军政部部长陈诚尚在重庆[③]，接收工作主要由周宪章负责。1946 年 3 月，海军处扩处为署，周宪章任军政部海军署副署长。1946 年 6 月，国民政府改革国防体制，撤销军事委员会，成立国防部，下辖陆军总司令部、海军总部、空军总司令部和联合勤务总司令部。陈诚兼海军总司令，周宪章任参谋长。

与周宪章一样，魏济民亦颇受陈诚信任。1924 年冬，魏济民毕业于马尾海军学校航海班，抗战时期调入军委会侍从室任海军参谋。1945 年，魏济民先后担任赴美接舰参战总队副总队长、赴英接舰参战学兵总队副总队长。在战后新海军重建中，魏济民身居要职，先后任军政部海军处办公室主任，海军署副署长(与周宪章并列)，更重要的是从 1945 年 8 月开始，兼任战后舰队指挥部参谋长。最近公开的《陈诚日记》亦显示，陈诚主要透过周宪章与魏济民二人以实现对海军事务的掌控。譬如 1946 年 1 月 19 日周宪章与陈诚汇报海军处预算、海军员兵待遇与海军处人事编制等问题[④]。2 月 14 日，周宪章、魏济民面见陈诚，“研究海军署组织与海军官兵生活之改善”，其结果“决自二月份起改善”，[⑤]而海军署亦于次月成立。

除周、魏二人被陈诚委以重任外，闽系海军中还有不少少壮派人士得以任用。据刘传标整理的《南京国民政府军政部海军处职官表》显示，海军处下

---

① 民国时期文献保护中心、中国社会科学院近代史研究所编：《民国文献类编 · 政治卷》第 110 册，国家图书馆出版社 2015 年版，第 129、205 页。

② 王正华编辑：《蒋中正档案 · 事略稿本》(61)，(台北)“国史馆”2011 年版，第 248 页。

③ 1946 年 1 月 13 日晚，陈诚乘同心舰由重庆驶抵南京。参见林秋敏等编辑校订：《陈诚先生日记(二)》(1946 年 1 月 13 日)，(台北)“国史馆”、“中研院”近代史研究所 2015 年版，第 690 页。

④ 林秋敏等编辑校订：《陈诚先生日记(二)》(1946 年 1 月 19 日)，(台北)“国史馆”、“中研院”近代史研究所 2015 年版，第 691 页。

⑤ 林秋敏等编辑校订：《陈诚先生日记(二)》1946 年 2 月 14 日，(台北)“国史馆”、“中研院”近代史研究所 2015 年版，第 700 页。

设总务、军务、训练与技术等 4 组，其组长分别为高如峰、林祥光、杨元忠与魏济民，可谓是清一色的闽系海军少壮派。他们在战后海军重建中扮演了极为重要的角色，其势力亦随之膨胀，一度被其他派系视为陈绍宽的“四大金刚”①。当然，此一称呼显系其他派系海军的政治谣言。这是因为出身于闽系海军少壮派的周宪章、魏济民等人经过军委会刻意培植后，所代表的是军政部海军处的利益，不但与陈绍宽所代表的海军总部利益不同，而且还与后者存在竞争关系，1945 年年底周宪章亲自赴海军总部接管即可说明问题。蒋介石对闽系海军少壮派高如峰、林遵二人印象深刻，认为“海军高如峰、林遵可用”②。

不过，需要指出的是，并非所有闽系海军少壮派都能得到重用。1946 年 1 月 26 日《陈诚日记》有如下记载：

> 第二舰队方司令(在江阴)来晤，对于海军处魏济民接收舰队，用“接收”二字，极表不满。余告以我国海军即须建设，大家须和衷共济，始能负起艰巨之责任。彼认为此是国家应负责任之事。余认为此人对于海[军]之腐败毫不知耻。③

方司令即方莹，1945 年 4 月继升任海军总部参谋长的曾以鼎后出任第二舰队司令，其在闽系海军中地位虽不能与陈季良、李世甲等高层人物相提比论，但在闽系海军中的资质远高于魏济民。然而，海军处接管海军总部后，陈诚派海军处舰队指挥部参谋长魏济民接收第二舰队，而且陈诚在日记中并不讳言对方莹的厌恶之意。1946 年 7 月，第二舰队撤销，改设江防舰队，方莹被调离舰队，出任上海要港司令部(1946 年 11 月改为海军第一基地司令部)司令。虽然这一职务仍相当重要，但实际上方莹却被削离了舰队指挥权。从魏济民与方莹的境遇中不难看出，仅经过军委会培植的闽系海军少壮派才能得

① 关于“四大金刚”成员，一说为周宪章、林祥光、魏济民、邓兆祥，一说为海军处四组长，即魏济民、林祥光、高如峰、杨元忠。参见张力：《从“四海”到“一家”：国民政府统一海军的再尝试，1937—1948》，《“中央”研究院近代史研究所集刊》1996 年总第 26 期，第 305 页，注 94。

② 《蒋介石日记》1947 年 3 月 2 日，斯坦福大学胡佛研究所档案馆藏。

③ 林秋敏等编辑校订：《陈诚先生日记(二)》(1946 年 1 月 26 日)，(台北)“国史馆”、“中研院”近代史研究所 2015 年版，第 692 页。

以委任要职。

部分闽系少壮派在战后海军重建中得以担任要职的同时，其他派系海军人士亦得以大量任用。据 1946 年 4 月军政部人事处统计，军政部海军处下设的副处长、办公室主任及人事、军务、训练、供应 4 组组长与下辖科长，已派定的各级长官出身为闽系海军 5 人，青岛海军 5 人，黄埔海军 3 人，电雷系 3 人，另一人出身不详①。这一统计数据表明，战后海军处尽可能地吸纳了海军各个派系的成员，虽然闽系少壮派居于领导地位，但在数量上并不占据优势。由此可以看出，与被舆论指责为“一省一系包办”②的闽系主办的海军总部所根本不同的是，作为重建新海军的中枢机构海军处整合了所有海军派系人员，力图“打破其旧有地域观念，而转移其信仰，集中于中央。”③

通过本节的分析可知，抗战胜利前夕，军事委员会委员长蒋介石与军政部部长陈诚着手重建海军的相关工作。为建立一支消弭派系且绝对服从中央权威的新海军，蒋、陈二人采取以下措施：一方面在军政部下设海军处作为战后筹建新海军的中枢机构，以取代闽系掌控的海军总部。1945 年 12 月底，成立时间不足 4 个月但羽翼渐丰的海军处正式接管海军总部，成为中央政府唯一的海军最高行政机构。另一方面，与以往认为战后排斥闽系海军的观点不同，蒋介石与陈诚在战后处置海军人事问题上大刀阔斧与小心谨慎并存，一是毫不犹豫地排除以陈绍宽、李世甲等人为代表的闽系海军高层，二是培植部分闽系海军少壮派，如周宪章、魏济民与林祥光等人，并在战后海军重建初期授以要职。与此同时，为平衡派系起见，采取均衡政策，其他派系的海军人员在海军处亦得以大量任用，从而避免了闽系再次一家独大的可能。军委会之所以在战后海军重建中采取“清洗高层，重用少壮派”且“用防结合”的策略，既有打破海军派系，整合海军的战略考虑，亦有闽系海军人才最多，素质最高，不得不用的无奈。诚如出身于青岛海军系统的李连墀所言，“总结四所海校，论海军基础，马尾是标准的海校，完全照英国的制度来教；青岛就比较

① 《军政部海军处还都官佐名册》(1946 年 4 月 18 日)，《军政部海军处复员还都案》，(台北)“档案管理局”藏，“国军”档案 34－381.1－3750。

② 《唐静海等致蒋介石电》(1935 年 7 月 27 日)，(台北)“国史馆”，蒋中正文物档案，002－080200－00463－002。

③ 戴笠：《整理海军意见》1935 年 7 月 6 日，(台北)“国史馆”，国民政府档案，001－070006－0002。

草率一点，但是东西也实在，称得上文武兼备的状态。但是黄埔和电雷就是非常草率了。”①客观而言，军委会透过上述重设中枢机构、接管闽系海军总部、重用其培植的闽系少壮派等诸多举措，在短期内最大限度地整合了海军，为海军重建与收复南海诸岛奠定了基础。

第三节　美国援助与“建设永久独立自给之海军”

太平洋战争期间，中美两国为战胜日本这一共同的敌人而结成军事同盟关系，不仅在陆军系统展开合作，而且中国亦期望在海军方面争取一定的援助。抗战期间中国海军实力羸弱，自然无法与美国海军在海上协同作战迎击日本海军，国民政府只能先以参战见习暨造船为名选派青年海军军官赴美受训，后再以借舰参战为名接收美国赠舰。虽然太平洋战争在这批海军军官走上战场之前即告结束，但他们却成为战后中国海军重建中的主力。太平洋战争期间中美两国政府虽未曾就战后中国海军重建进行正式磋商或提出过具体的援建方案，但军方人士基于战时军事合作关系已经预见到战后美国援助中国重建海军的广阔前景。

一、美国海军援助的目的

1944 年 7 月，美国海军中校詹布立斯发表的《中国将来之海军》颇具代表性。他在文中指出出于维护中国政局稳定与东亚和平的需要，帮助中国建设一支适当新海军为当前之要务。同时他又认为中国“无须成为一个大海军国”，这是因为“此次战后日本之武力，即将全部被解除，而根据相当理由，可推测其他列强，亦并无侵略中国之野心，中国自无须有外侮之顾虑。”所以他认为中国新海军的任务在于“维持内政，巡查关税以及辅助航务”。基于上述

① 《李连墀先生访问纪录》，见张力、吴守成、曾金兰访问，见张力、曾金兰记录《海军人物访问纪录》（第一辑），（台北）“中研院”近代史研究所 1998 年版，第 13 页。

任务，并考虑到战后中国的经济状况，詹布立斯为中国规划了建设新海军所需之各项舰艇，包括护航驱逐舰、大驱逐艇、鱼雷快艇及内河炮艇等，建议由美国“以剩余之舰艇供给中国”，并于战争结束后以最短时间内协助中国建设新海军。协助中国重建海军，美国将从中获得什么利益？詹布立斯直言不讳地指出：

> 假如战后中国之新海军，得以如计成立，则东亚之和平，定可预卜而无疑。而中国之中央政府一定能稳固，于美国直接利害亦颇有密切之关系。因东亚之和平，自地势上言，对美国之商业上定受益不浅。至世界各国亦不必对中国有所恐惧，根据中国几千年来之历史及其传统习惯与人生观，中国一以维持和平为主，而战后数十年内中国亦必尽力注重其国内之发展，故绝不至于一变而为有统治全球野心之侵略国家。自中国抗战日本以来已有七年，在美国尚未对日宣战以前之数年间，虽百般损失，但其抗战到底之精神，始终未有动摇，故美国如能协助中国建设新海军，则不但可酬报中国过去抗日之所受艰苦困难，且对于东亚之和平亦奠有相当基础。即以商业立场而言，亦实为最好之投资也。①

由此可见，他认为一支由美国援建且仅能绥靖内河的中国小型防卫海军，不但不会威胁美国海军在远东的霸权，而且将十分有助于国民政府统治的稳定，从而维护东亚地区的和平，可从根本上排除中国海军对美国霸权的挑战。毋庸置疑的是，美国将以最小的投资获得极大的收益。

詹布立斯上述观点奠定了战后美国援助中国重建海军的基调。1946 年 1 月 3 日，来华调停国共内战的马歇尔特使指出，中国建设海军“主要目的在维持沿海及内河之安全，并防止海盗之侵扰，以维持海关之业务，并训练海军人才，备尔后之使用，故规模不必大，经费不必太多，仅可建立小型快速之海岸及江防舰队，因巡洋舰亦属大型舰只，维持需费甚大，不必多备。”②马歇尔关

---

① [美]詹布立斯著，周应骢译：《中国将来之海军》，《海军杂志》1944 年第 6 期。

② 《商震致蒋介石报告》1946 年 1 月 3 日，（台北）“国史馆”藏，蒋中正文物档案，002 - 020400 - 00044 - 039。

于援助中国重建海军的目标与建军类型的看法均与詹布立斯的观点相似，即建立一支小型海军。

对比抗战胜利前后中美两国海军合作关系，不难看出美国决定援助中国海军背后的战略考虑出现过明显变化，战时美国援助的重点是接收中国海军学员赴美参战见习，乃是出于共同对日作战的需要，战后美国以赠舰、派遣海军顾问团协助中国海军重建，其目的是要在东亚建立一支处于“辅助地位”[①]的防守海军，以符合战后美国的全球战略。

二、战后国民政府海军重建的目标与规划

实际上，国民政府对于战后海军重建的目标与美国并不一致。早在詹布立斯抛出中国“无须成为一个大海军国”之时，海军总部即在同期《海军杂志》上刊文指出，詹布立斯建议之小规模海军对战后中国“固无不小补，但若以此为建设中国新海军的初步计划，则似觉不敷尚巨；若以之为巩固中国国防的海军，自然相差更远”，“总之，詹布立斯中校之建议，对于在战后中国复兴海军之初步计划，诚不无助益，惟尚须进一步作远大规模之研讨耳。”[②]换言之，海军总部认为可将詹布立斯提议的小规模海军建设计划视为战后重建海军的初步计划，但从长远来看，中国仍需建立一支大规模的海军。

1946 年 2 月 3 日晚，蒋介石与美国海军上将柯克（Alan Goodrich Kirk）商谈“中国海军建设方针与要旨”[③]。会谈伊始，柯克指出战后中国海军的主要任务为“甲、巡防中国沿海及内河水道；乙、协助运输及掩护中国陆军登陆；丙、国际间一旦有变，中国海军可参加国际间协同动作”。据此判断，他认为“现在中国海军所需只限护航、布雷、登陆舰艘，不需要巡洋舰以上之舰只”，中国应建设一支“重质不重量”，“其效力大，而所费较少”的精炼之海军。此外，柯克直言：“美国盼中国建立有力海军之愿望甚切，如事实许可，美国可在物资及人力（如顾问团及教官等）方面帮助中国。”

① 《周宪章呈蒋中正海军建设计划报告书》1946 年 4 月 30 日，（台北）“国史馆”藏，蒋中正文物档案，002-080102-00084-008。

② 编辑室：《再论建设中国新海军》，《海军杂志》1944 年第 6 期。

③ 《蒋介石日记》1946 年 2 月 3 日，斯坦福大学胡佛研究所档案馆藏。

蒋介石反复强调中国海军“必须重新做起”，决不能以现有残余舰艇为中国海军之基础。他认为抗战胜利对中国而言是重建海军的最佳机会，“以往中国海军物资技术既属落伍，而一部海军人员无国家观念，抱门阀主义，自私自利，此种人员必须完全淘汰，其中未腐化者，亦须重新训练，灌输新思想新概念及新传统精神”。蒋介石在会谈中明确指出中国海军重建的目标是“建设永久独立自给之海军”，为实现这一目标，“拟预定三十年计划，每十年为一期，每期再分为三阶段，如三年、三年、四年或二阶段如五年、五年”。柯克答称，第一期十年计划可由周宪章与莫雷少将先行商讨，拟具计划经其评阅后，再由周宪章转呈蒋介石[①]。

从蒋介石与柯克的会谈中可以清晰地看到中美对于战后中国海军重建的目标存在着巨大的分歧：国民政府最高领导层希望建立一支永久独立自给的海军，而美国仅愿意协助中国建设一支巡防沿海及内河河道、协助中国军队登陆以及战时依附于美国的海军。海军处实际负责人周宪章对此有着清醒的认识，他指出：“美国对于协助中国建设海军，仅求绥靖领海内河，以便其通商，一旦国际有事，则置我舰队于辅助地位。”周宪章分析道：

> 查此次大战经验，海军仍以舰队为主，舰队之组成恒依敌情而异。以战舰、航母为骨干，以巡、驱、潜、空为辅。美方目前所允拨，仅能依附舰队作战，倘无舰队，欲求独立作战，则完全失效。且各舰年费，为数甚巨，所得代价，不过航警，重建海军之初衷，想不在是。[②]

尽管中美关于建设中国海军的目标不同，但这并不会动摇两国海军合作的利益基础。因为此时美国欲实现在东亚地区的海军霸权，中国仍是最佳的战略合作伙伴，而中国海军无论有着多么宏大而美好的建军蓝图，其实现的第一步不得不依靠美国在舰艇转让与人才训练方面的援助。在明确美国既定方针后，中国决定将美国的海军援助纳入其海军长远规划的首期 10 年计划

---

① 《蒋中正接见柯克会谈记录：美国协助中国建设海军》1946 年 2 月 3 日，(台北)“国史馆”藏，蒋中正文物档案，002－020400－00044－043。

② 《周宪章呈蒋中正海军建设计划报告书》(1946 年 4 月 30 日)，(台北)“国史馆”藏，蒋中正文物档案，002－080102－00084－008。

之内。

4月30日，周宪章根据2月3日会谈结果拟定《海军建设计划报告书》呈请蒋介石审阅。报告书由3部分组成，分别为"美海军莫雷少将对于建立中国海岸防御之海军建议""美莫雷少将于海军十年建设计划之意见"以及"宪章对于十年建设计划中之拟议"，其中最重要的是周宪章秉承蒋介石意旨并吸纳莫雷少将建议而成的有关十年计划中舰艇建设的意见。

周宪章贯彻蒋介石关于"建设永久独立自给之海军"的建军目标，亦主张中国在第一期10年内"必须备有相当舰船，建立攻势之防守海军，而达成不可胜之目的"。为此，周宪章将中国海军首期10年的舰艇建设分为3个阶段：

第一阶段3年，此时期可称为"训练时期"。以接收美国拨让舰艇为主要任务，并由美顾问团协助训练舰艇员兵。"关于船厂之建设，拟用美国剩余物资，将各工厂次第扩充，俾能有自己修理此项舰艇之能力。"

第二阶段3年，此时期可称为"完全防守势之海军建立时期"。所需舰艇一半要求美国拨让；一半由中国在美订购，并派大批造船技术人员，前往监工，以为第三期自己建造新舰之准备。

第三阶段4年，此时期可称为"攻势防守性质海军建立时期"。所需舰艇，一半在美订购；一半在国内自造。

周宪章乐观地认为10年后中国海军将建成一支"轻兵机动，进可以攻、退可守"的攻势之防守海军舰队，其编制为：第一巡洋战队，含重巡洋舰二；第二巡洋战队，含轻巡洋舰四；第一航空战队，含轻航空母舰二；第一驱逐战队，含轻巡一、(指挥舰)及三个驱逐队；第一驱逐队，含领舰一、驱逐舰八；第二驱逐队，含领舰一、驱逐舰八；第三驱逐队，含领舰一、驱逐舰八；第一潜水战队，含轻巡一、(指挥舰)、母舰一、潜水舰一二。①

客观而言，周宪章借助于战后美国海军拨让舰艇之机，规划中国海军所需舰艇由完全依赖美国剩余舰艇逐步过渡到"一半在美订购，一半自造"，进而朝着建立一支永久独立自给的海军迈进，具有相当的可行性。实际上，此后3年中国海军的建设就是按照第一阶段"训练时期"所拟定的方案践行的。

① 《周宪章呈蒋中正海军建设计划报告书》1946年4月30日，(台北)"国史馆"藏，蒋中正文物档案，002-080102-00084-008，第54—55页。首期10年3个阶段所需舰艇具体数目分别见报告书所附表六至表八。

三、战后中美关于海军援华之交涉与实施

抗战胜利前后，在推动中美两国由战时特种技术合作以共同抗击日军向战后美国援助中国海军重建转变过程中，中美合作所的作用不容忽视。

中美合作所是抗战时期中美两国在反法西斯统一战线背景下建立的一个抗日军事合作机构[①]。太平洋战争爆发后，美国认为中国因邻近日本占据地理上的优势，可为美军提供所需的气象、地理及军事情报。为了战胜共同的敌人，中美两国展开军情机构合作，决定成立中美合作所，以实现"在以中国战区为根据地，用美国物资即技术，协同对远东各地之日本海军、日本商船、日本空军及其占领地区内之矿产、工厂以及其他军事设备，予以有效之打击"这一既定目标[②]。1943 年 7 月 1 日该所正式成立于重庆歌乐山，军统局副局长戴笠任主任，美国海军中校梅乐斯(Milton E. Miles)任副主任。

在与美国海军部合作过程中，隶属于军委会的军统局得知美国海军部有援助中国重建海军的想法，遂加以推动。据时任国民政府军事委员会委员长侍从室第六组组长唐纵日记载，早在 1942 年 11 月 28 日梅乐斯与戴笠商谈中美合作所相关事宜时，梅曾表示其来华所衔三项任务之一即"协同中国建设海军"，只是戴笠不赞成将建设海军一项纳入中美合作所的业务范围[③]。1944 年 11 月，梅乐斯当面向蒋介石提议建设一支新海军。虽然这一建议的具体内容不得而知，但考虑到梅乐斯代表的是美国海军部，其内容应该包含美国援助等议题。蒋介石对此一建议颇有兴趣，要求梅乐斯拟定具体计划[④]。笔者虽未查询到该计划的原档，但据次年 8 月毛人凤致戴笠的电文透露，"前梅准将曾对此案提出书面计划亲呈钧座"[⑤]，表明梅乐斯确曾向蒋介石提出重建中

① 洪小夏：《抗日战争时期中美合作所论析》，《抗日战争研究》2007 年第 3 期。

②《中美特种技术合作所协定》(1943 年 4 月)，转引自洪小夏《抗日战争时期中美合作所论析》，《抗日战争研究》2007 年第 3 期。

③ 参见《唐纵日记》1942 年 11 月 28 日条。公安部档案馆编注：《在蒋介石身边八年：侍从室高级幕僚唐纵日记》，群众出版社 1991 年版，第 322 页。

④《戴笠致萧勃电》1944 年 11 月 29 日，(台北)"国史馆"藏，戴笠史料，144-010101-0002-015。

⑤《毛人凤等电戴笠中美合作所战后继续合作以建设中国海军与警察等案》1945 年 8 月 16 日，吴淑凤等编辑：《戴笠先生与抗战史料汇编：中美合作所的业务》，(台北)"国史馆"印行，2012 年版，第 279 页。

国海军的详细计划。抗战胜利前夕，梅乐斯再次明确表示美国海军及其个人对战后援助中国海军重建的浓厚兴趣。6 月 8 日，梅乐斯向毛人凤透露："至于战后，美海军及本人个人之目的，乃在为中国建立一实力相当强厚之海军"[①]。经过梅乐斯的多方游说，国民政府情报部门人员判断战后美国确有援助中国建设海军之意[②]。

1945 年 8 月 15 日，日本宣布向同盟国无条件投降。受此影响，中美有关海军援华的交涉得到进一步的推动。这是因为美国用于对华海军援助的剩余舰船，在日本正式投降签字前"仍属战争期内，不必国会通过"[③]，"如果日本投降签字后，租借物资必需国会通过"[④]。8 月 17 日，戴笠向蒋介石报告了一封由驻美大使馆副武官兼军统局驻纽约站长萧勃发来的电报称："据在美海军司令金氏左右、主管太平洋美海军作战供应之参谋麦兹尔上校谈话，得悉麦已向其最高当局商及美国应于此时帮助中国建设海军，其最高当局表示极为兴奋，并悉美海军总司令金氏当罗斯福总统在世时，金曾向罗斯福总统提及帮助中国建设海军事，当时罗总统已同意，只待我方向美政府正式提出，美方必可接受云。"[⑤]8 月 24 日，唐纵获悉美国援助中国建设海军已有实际行动，"美海军部曾上杜鲁门备忘录，建议协助中国建立战后海军，但希望中国政府提出请求"[⑥]。

在戴笠、梅乐斯等人的推动下，美国援助中国建设海军一事于日本投降后正式进入两国政府高层进行交涉。8 月 22 日，蒋介石致电在华盛顿争取美国援助的宋子文，称：

---

① 吴淑凤等编辑：《戴笠先生与抗战史料汇编：中美合作所的业务》，(台北)"国史馆"印行，2012 年版，第 258 页。

② 参见《唐纵日记》1945 年 6 月 16 日条。公安部档案馆编注：《在蒋介石身边八年：侍从室高级幕僚唐纵日记》，群众出版社 1991 年版，第 520 页。

③《蒋中正电宋子文向美国海军部提议并与商战后海军助华法案》1945 年 8 月 25 日，(台北)"国史馆"藏，蒋中正文物档案，002-020300-00032-107。

④ 公安部档案馆编注：《在蒋介石身边八年：侍从室高级幕僚唐纵日记》，群众出版社 1991 年版，第 535 页。

⑤《戴笠致蒋介石电》1945 年 8 月 17 日，(台北)"国史馆"藏，戴笠史料，144-010105-0004-025。

⑥ 公安部档案馆编注：《在蒋介石身边八年：侍从室高级幕僚唐纵日记》，群众出版社 1991 年版，第 535 页。唐纵判断美国之所以热心于援助中国建设海军，其因在于"美国在战后强大海军有过剩之能力，足以协助邻国建立新的海军，以为太平洋上之友军，且恐英国先与中国合作，将来失去影响中国之势力"。

> 我国建设海军应即日着手。最好要求美国先派海军考察团来华考察研究后再定具体建议。梅乐斯将军与贝尔利上校在华服务三年之久,成绩实为最佳,亦可请其参加考察团之内,并将梅、贝等在华优良之成绩面告其海军部。①

从电文中可见,蒋介石在援建海军的步骤上与戴笠等人主张接收剩余物资有明显不同,他希望援建的第一步是美国选派海军考察团来华了解中国实际情况,然后再提出具体的建设意见。同时出于对海军出身且在中美合作所服务 3 年的梅乐斯及其参谋贝尔利工作的肯定,他提议两人能够加入考察团。8 月 25 日,蒋介石再次指示宋子文与美国海军部提议接收美赠舰艇,并协商战后海军助华法案,以便杜鲁门总统在 9 月 4 日向国会发表②。

宋子文在 8 月 27 日复电中称,当日他在与美国海军部长福莱斯特(James Forrestal)会谈中,正式提出中国政府希望美国派遣海军考察团来华,并盼梅乐斯等人参加该团。福莱斯特对派遣海军考察团赴华极表赞成,并表示"战后中美军事绝对合作"。不过,对于蒋介石 25 日电文中所指示"日本投降前拨交中国之舰艇",宋子文认为就是战时依租借法案美国拨交给中国的八舰。该八舰将于 8 月 28 日正式移交中国,宋子文电令驻美大使馆武官刘田甫前往接收③。此后美国海军援华主要围绕组建海军顾问团与拨让舰艇等事项展开讨论。

当援建海军的交涉进入两国政府层面后,最初推动此事的梅乐斯与戴笠等人却逐渐被排斥出局。围绕海军顾问团的组建方式,梅乐斯与驻华美军司令魏德迈的意见分歧较大,梅乐斯主张单独组建海军顾问团,而魏德迈希望成立由海陆空军联合的美国军事顾问团。对此,蒋介石认为"顾问团必须陆海空共同组织总团,于工作合理,效用亦大",并于 9 月 14 日致电宋子文,令其

---

① 《蒋中正电宋子文应即着手建设中国海军美海军考察团考察后再定建议》1945 年 8 月 22 日,(台北)"国史馆"藏,蒋中正文物档案,002-0020300-00032-103。

② 《蒋中正电宋子文向美国海军部提议并与商战后海军助华法案》1945 年 8 月 25 日,(台北)"国史馆"藏,蒋中正文物档案,002-020300-00032-107。

③ 《宋子文电蒋中正访海长及金氏谈话经过及美国明拨交租借法案舰艇八艘》1945 年 8 月 27 日,(台北)"国史馆"藏,蒋中正文物档案,002-020300-00032-109。

正式向美国政府提议派陆海空军联合顾问团协助中国建设陆海空军[①]。尽管蒋介石十分肯定梅乐斯在华工作业绩，但他无意插手美国军方内部事务。16日，蒋介石在致戴笠电中明确了这一点，他提醒戴笠道："此为其美国陆海军内部之事，当待其政府自行处决。"[②]因此，当中美两国均决定组建陆海空军联合顾问团时，也就意味着与魏德迈矛盾颇深的梅乐斯被排除出局。受此影响，主要透过梅乐斯来推动中美海军合作的戴笠也逐渐失去影响力。

从1945年9月开始，美国军方与国务院就美国军事顾问团草案的宗旨、任务与组织机构等问题反复争吵，迟至1946年2月才达成一致意见[③]。2月25日，美国总统杜鲁门正式批准授权美国陆海空军联合组织向中国派遣的美军顾问团。

12月，由美国海军部起草的"美海军助华案"进入法定程序。不过，因日本已经正式在投降书上签字，这一草案经美国总统同意后，必须提请国会通过。国会在审核草案时，发现中国政府并未提出具体方案，于是要求海军部长福莱斯特出席国会质询时必须"申述中国海军需要及助华之重要性"。为了解中国政府实际需要，海军部长召见萧勃并询问中国要求舰艇之数量及实际需要[④]。萧勃随即致电重庆，请求指示。

蒋介石在批示中表示希望获得的舰艇类型与数量如下："（甲）登陆艇三十六艘；（乙）二千吨战舰二十艘；（丙）巡洋舰四艘；（丁）驱逐舰六艘；（戊）海岸巡逻艇二十四艘。"在华调停国共内战的马歇尔将军对此却有不同意见，他指出中国应建立一支小型快速之海岸及江防舰队，而巡洋舰属于大型舰只，维持需费甚大，因而"不必多备"。基于这一观点，中国政府将申请舰艇数量修改为：巡洋舰二艘、驱逐舰或护航驱逐舰共八艘、各式登陆艇卅六艘、海岸巡逻艇或炮艇共十二艘、潜航艇六艘，修理舰、运油船、运输舰等照配[⑤]。尽管

① 王正华编辑：《蒋中正档案・事略稿本》(62)，(台北)"国史馆"2011年刊行，第560—561页。

② 王正华编辑：《蒋中正档案・事略稿本》(62)，(台北)"国史馆"2011年刊行，第582页。

③ 具体争论过程，参见资中筠：《追根溯源：战后美国对华政策的缘起与发展(1945—1950)》，上海人民出版社2000年版，第89—92页。

④《戴笠呈蒋中正美国海军助华草案已由美海军部呈杜鲁门提请国会通过》1945年12月31日，(台北)"国史馆"藏，蒋中正文物档案，002-020400-00044-039。

⑤《商震致蒋介石报告》1946年1月3日，(台北)"国史馆"藏，蒋中正文物档案，002-020400-00044-039。

这一方案已将巡洋舰数量缩减一半，但由于美国海军仅希望战后中国建设一支小型海军，仍不愿拨让方案中的“巡洋舰以上之舰只”。1946 年 2 月 3 日，蒋介石在会见美国海军第七舰队司令柯克上将时曾表示中国海军希望获得 2 至 4 只潜艇，柯克不但以各种理由予以搪塞，还明确指出“现在中国海军所需只限护航、布雷、登陆舰艘”[①]。

为弥补主力舰艇种类的不足，美国海军部决定在拨让舰艇数量上予以适当补偿。海军援华法案（5356 号法案）先后于 1946 年 3 月 12 日、6 月 14 日获美国众议院、参议院通过。7 月 16 日，该法案在美国第 79 期国会中通过，经杜鲁门总统批准后成为“512 号法案”。[②] 该法案有效期 5 年，其主要内容为：

> （一）总统如认为不违背公共利益，或可减轻美驻华部队之责任，或可增高中国政府之地位便能确保水上治安时，得依据本法案供给中国之适当之海军业务、训练计划及技术建议，并可处理美海军二七一艘之过剩舰艇与浮船坞，并训练器材等，总统可采择现款记账或产业抵押或在适当之条件情况下，以售卖、交换、租借赠送移让诸方式交付予中国，惟在处理主力舰航空母舰、巡洋舰、潜水艇、驱逐舰（不包括护航舰）等船只时，总统必须获得国会之批准。凡一切情报、设计、建议、物资、公文图样等，属于机密或极机密者，本法案并未授予总统以处理之权限。
>
> （二）总统如认为不违反公共利益，得依中国之请求派遣美海军或陆战队军官一百员、士兵二百名襄理中国海军业务。惟该项官兵不得随中国部队、飞机或舰船参与训练演习或巡航以外之勤务，该美官兵之薪津、生活补给等，仍概由美政府拨发之。[③]

此一法案成为租借法案失效后美国海军部向中国拨让舰艇的法律依据，

---

① 《蒋中正接见柯克会谈记录：美国协助中国建设海军》1946 年 2 月 3 日，（台北）“国史馆”藏，蒋中正文物档案，002－020400－00044－043。

② 《512 号法案》译件，《美国转让海军船舰案；中美合约草案》，（台北）“档案管理局”藏，档案，36－472.3－0006。

③ 《桂永清呈蒋中正依租借法案及援华海军法案向美提出请求》1947 年 7 月 28 日，（台北）“国史馆”藏，蒋中正文物档案，002－020400－00044－092。

其中关于处理主力舰艇"必须获得国会之批准"的规定，实质上等同于限制总统不得向中国转让航空母舰、巡洋舰、潜水艇、驱逐舰（不包括护航舰）等船只。另一方面，据"512 号法案"规定，美国最多可向中国转让 271 艘舰艇，尽管最终经杜鲁门裁定后的数量未能达到这一数目，仅为 130 余艘，但仍远超中国政府此前的估计。不过，迟至 1947 年 4 月 25 日，杜鲁门才颁布 9843 号总统令，授权海军部长将舰艇及船坞赠送给中国政府，并规定关于修理、装配上述舰艇、浮船坞及移交用以保护或使用该舰的物资，其一切费用，均由"中国政府以现款偿还之"。

美国会"512 号法案"和 9843 号总统令正式生效前，美国海军部于租借法案项下已陆续向中国政府拨让各式舰艇 95 艘舰艇，如表 6－2 所示：

表 6－2　战后美国租借法案项下援华舰艇统计表

舰种	接收后中国命名	数量(艘)
护航驱逐舰	"太康""太平"	2
巡逻舰	"永泰""永顺"	2
布雷舰	"永胜""永兴""永定""永宁"	4
战车登陆艇	"中鼎""中兴""中训""中建""中海""中练""中程""中基""中业""中权"	10
机械兵登陆艇	"美盛""美乐""美颂""美益""美朋""美亨""美珍""美宏"	8
步兵登陆艇	"联珍""联璧""联光""联华""联胜""联利""联铮""联镕"	8
辅助艇	"峨嵋"	1
战车登陆艇	合字号	8
运油艇	太华	1
浮船坞	尚未命名	1
机械兵登陆艇	尚未命名	25
甲兵班登陆艇	尚未命名	25
合计		95

资料来源：《桂永清呈蒋中正依租借法案及援华海军法案向美提出请求》1947 年 7 月 28 日，（台北）"国史馆"藏，蒋中正文物档案，002－020400－00044－092。

上述95艘舰艇虽经美国移交中方使用，但在租借法案条文上有依法退还的规定，而根据美国会“512号法案”和9843号总统令，可赠送给中国。换言之，如将上述租借法案项下获得的95艘舰艇转移至“512号法案”下，则其所有权将属于中国政府。为尽快接收援华舰艇，美国海军顾问团建议中国政府“将租借法案业已移交之九五艘及本法案项下待移之船只等一并向美政府提出请求”[①]。

1947年12月8日，外交部长王世杰与美国驻华大使司徒雷登分别代表中美两国政府在南京外交部正式签订《中华民国政府与美利坚合众国政府关于依照美利坚合众国第七十九届国会第五一二号法案转让海军船舰及装备之协定》(即《中美海军协定》)，至此战后美国协助中国重建海军暂告一段落。据学者统计，至1948年年底中国实际共接收131艘舰艇，总值1亿4131万5000美元。[②]

仍需强调的是，尽管中美海军合作为中国海军的建立提供了不少的舰艇与人员训练，使战后中国海军得以在短期内初具规模，但是美国仅希望中国建立一支小型海军以维持近海与内河安全，这与战后中国建立“大海军国”的目标相距甚远。为实现战后“建设永久独立自给之海军”的既定目标，海军总部在接收美舰后，仍将中美海军合作所获赠舰视为“建立海军的开端”。正如《中国海军》发表的评论文章所指出：

> ……真正要确保海上的安全，应该是一个大海军国。这次中美海军的合作，一次的赠舰即达二七一艘之多，若就没有海军的国家来说，自然是一个很大的吨位；但这些赠舰均系小舰，离友邦所期望的足以维持远东的和平的海军力量，还是相距很远。所以，我们只可以把美国政府和其人民的好意，作为我们建立海军的开端，切不可即视为这就是海军的建立。[③]

---

① 《桂永清呈蒋中正依租借法案及援华海军法案向美提出请求》1947年7月28日，(台北)“国史馆”藏，蒋中正文物档案，002-020400-00044-092。

② 刘传标编纂：《近代中国海军大事编年》下，海风出版社2008年版，第800页。

③ 寿生：《论中美海军协定》，《中国海军》1948年第8期。

战后海军重建是国民政府得以收复南海诸岛的重要前提。抗战胜利伊始，中国海军存在着海军总部和海军处两个领导机构，且几无可以航海的舰艇。在此困境之下，已经掌握重建海军主导权的军委会从组织、人事等方面入手，迅速整合海军内政，建立了一支服从中央政府权威、大体实现中央化的新海军。几乎与此同时，国民政府借由战后美国海军援助之机，接收美国海军拨让的各类舰艇。除众所周知的美赠八舰外，最关键的是中国海军接收了一批登陆舰。1946 年 9 月，刚刚入主海军的代总司令桂永清在致蒋介石报告中，统计了当时中国海军共接收各式登陆艇 17 艘，具体名单如表 6－3 所示：

表 6－3 1946 年 9 月海军总部已接收登陆舰艇种类及任务分配表

舰艇种类	舰名(原来号数)	吨位	容量	预定任务
战车登陆舰	“中海”755、“中权”1030、“中建”716、“中业”717、“中鼎”537、“中兴”557、“中训”993	满载 4 080；轻装 2 160	1 920 吨	可抽调运送剩余物资
中型登陆舰	“美珍”155、“美颂”457、“美乐”157、“美益”285、“美朋”431	满载 900；轻装 741	159 吨	作沿海运输
步兵登陆艇	“联珍”233、“联胜”418、“联光”517、“联华”634、“联璧”514	满载 380；轻装 216	官 6、兵 182	作长江运输

资料来源：《桂永清呈蒋中正接收美方各式登陆艇十七艘及使用情形》1946 年 9 月 30 日，(台北)“国史馆”藏，蒋中正文物档案，002－020400－00026－118。

桂永清在报告中分析指出，上述舰艇皆为美国于“二战”中仓促建造而成，使用已久，损耗甚重，且中国海军士兵的操作训练仅 3 个月(这批登陆艇于 1946 年 5 月—6 月陆续抵达青岛)，技术生疏，难于长途航行。桂永清与美国海军顾问团商议后决定“将战车登陆舰调作远海航行，中型登陆舰供海军沿海输送，步兵登陆艇作为长江沿岸输送。”[①]美赠八舰中吨位最大者即护航驱逐舰“太平”“太康”两舰，也不过 1 500 吨，但“中建”“中业”等 7 艘战车登陆舰吨位达到 4 080 吨，且可装载 1 920 吨货物，足以为驻岛官兵提供半年所需之补给。因此，重建后的新海军不但完全效命于中央政府，而且在 1946 年 9 月

① 《桂永清呈蒋中正接收美方各式登陆艇十七艘及使用情形》1946 年 9 月 30 日，(台北)“国史馆”藏，蒋中正文物档案，002－020400－00026－118。

前获得了远海收复行动所必需的护航驱逐舰和战车登陆舰，从而为国民政府收复南海诸岛提供了可能。

第四节 结语

全面抗战爆发后，闽系海军的舰艇实力被严重削弱，其吨位优势不再。及至太平洋战争期间，军委会通过选派海军军官赴英美受训、接收英美赠舰等掌握了建设新海军的主导权。抗战胜利后，国民政府在美国支援下迅速重新组建了海军，军委会在海军重建的过程中，重设中枢机构、接管闽系海军总部，在短期内最大限度地整合了海军，统一了海军。1946 年 3 月，海军处扩编为海军署，陈诚兼任署长。1946 年 6 月，国民政府国防体系全面改组，新设国防部以取代军事委员会。军政部海军署改编为海军总司令部，隶属国防部，国防部参谋总长陈诚兼任海军总司令，周宪章任海军总部参谋长。至此，经过长达 10 余年的竞逐与博弈，整合中国海军的任务最终从闽系海军掌控的海军部手中转移至军委会，从此，闽系海军也走向了没落。而后国共内战爆发，作为闽系海军代表人物的爱国将军陈绍宽，断然拒绝内战，隐居故里。中华人民共和国成立后，陈绍宽受邀复出，先后出任福建省人民政府副主席、副省长、民革中央副主席等职位，为国家海防、海军建设和祖国统一事业做出了重要的贡献。

参考文献

一、未刊档案

1.《参谋本部草拟提交之国防方针及国防外交政策提案》,中国第二历史档案馆藏,全宗号787(国防部史政局及战史编纂委员会),案卷号2041。

2.《参谋本部对于国民大会军事工作报告初稿》,中国第二历史档案馆藏,全宗号787(国防部史政局及战史编纂委员会),案卷号2055。

3.《陈绍宽请辞海军部长案》,台北"史政编译局"藏,"国军"档案325.7/7529。

4.《电雷学校改编案》,台北"史政编译局"藏,"国军"档案52.3/1071.2。

5.《国防计划草案》,中国第二历史档案馆藏,全宗号787(国防部史政局及战史编纂委员会),案卷号1957。

6.《国防军事建设计划草稿》,中国第二历史档案馆藏,全宗号787(国防部史政局及战史编纂委员会),案卷号2058。

7.《海军建设计划草案》,中国第二历史档案馆藏,全宗号787(国防部史政局及战史编纂委员会),案卷号2080。

8.《国防作战计划》,中国第二历史档案馆藏,全宗号787(国防部史政局及战史编纂委员会),案卷号2128。

9.《青岛海军学校沿革史》,台北"史政编译局"藏,"国军"档案153.42/5022。

10.《海军顾问人事案件案》,台北"国史馆"藏,国民政府档案055/0823。

11.《海军部长陈绍宽辞职案》,台北"国史馆"藏,国民政府档案055/0755。

12.《海军战时充实计划草案及国防计划海军部分》,中国第二历史档案馆藏,全宗号787(国防部史政局及战史编纂委员会),案卷号2081。

13.《海军国防计划草案及改订海军作战计划草案》,中国第二历史档案馆藏,全宗号787(国防部史政局及战史编纂委员会),案卷号2129。

14.《海军大学聘请外籍教官案》,台北"史政编译局"藏,"国军"档案425/3815.2。

15.《蒋介石对国防计划及各地军事设施指示之函电》,中国第二历史档案馆藏,全宗号787(国防部史政局及战史编纂委员会),案卷号1959。

16.《孔祥熙函送美国律师奥伯雷草拟之中国十年国防计划预算》,中国第二历史档案馆藏,全宗号787(国防部史政局及战史编纂委员会),案卷号1970。

17.《应瑞舰长林元铨等请解雇海大日籍教官案》,台北"国史馆"藏,国民政府档案055/0756。

18.《中华民国国防计划纲领草案及国防政策实施意见书》,中国第二历史档案馆藏,全宗号787(国防部史政局及战史编纂委员会),案卷号1956。

19.《陈诚呈蒋中正海军总部改组时任桂永清为海军总司令等职》1946年9月1日,台北"国史馆"藏,蒋中正文物档案,002-020400-00026-113。

20.《陈舜畊呈蒋中正请示海军杨树庄部输诚条件事》1926年11月23日,台北,"国史馆"藏,蒋中正文物档案,002-080200-00009-029。

21.《陈扬镳宋新呈蒋中正收束上海海军舰队商议情形》,1927年1月,台北,"国史馆"藏,蒋中正文物档案,002-080200-00001-001。

22.《陈济棠致蒋介石皓电》1935年6月19日,台北"国史馆",蒋中正文物档案,002/080200/00232/105。

23.《陈绍宽致蒋介石漾电》1935年6月23日,台北"国史馆",蒋中正文物档案,002/080200/00232/028。

24.《陈绍宽致蒋介石敬辰电》1935年6月24日,台北"国史馆",蒋中正文物档案,002/080200/00233/008。

25.《陈绍宽致蒋介石俭辰电》1935年6月28日,台北"国史馆",蒋中正文物档案,002/080200/00234/020。

26.《陈绍宽致蒋介石冬午电》1935年7月2日,台北"国史馆",蒋中正文物档案,002/080200/00235/104。

27. 《陈绍宽致蒋介石支未电》1935 年 8 月 4 日，台北"国史馆"，蒋中正文物档案，002/080200/00242/105。
28. 《陈绍宽请辞海军部长案》，台北"档案管理局"藏，"史政编译局"：B5018230601/0023/325.7/7529。
29. 《陈策致蒋介石俭午电》1935 年 6 月 28 日，台北"国史馆"，蒋中正文物档案，002/080200/00233/094。
30. 《邓演达电蒋中正杨树庄海军来归条件并建议闽人治闽使海军属我》，1926 年 11 月 3 日，台北，"国史馆"藏，蒋中正文物档案，002－020100－00011－002。
31. 《戴笠致蒋介石亥电》1935 年 6 月 17 日，台北，"国史馆"，蒋中正文物档案，002/080200/00231/079。
32. 《戴笠致蒋介石电》1935 年 6 月 19 日，台北，"国史馆"，蒋中正文物档案，002/080200/00231/097。
33. 《戴笠致蒋介石有午电》1935 年 6 月 25 日，台北，"国史馆"，蒋中正文物档案，002/080200/00233/045。
34. 《戴笠致蒋介石宥子电》1935 年 6 月 26 日，台北，"国史馆"，蒋中正文物档案，002/080200/00233/072。
35. 《戴笠致蒋介石艳未电》1935 年 6 月 29 日，台北，"国史馆"，蒋中正文物档案，002/080200/00235/014。
36. 戴笠《整理海军意见》1935 年 7 月 6 日，台北，"国史馆"，国民政府档案，001－070006－0002。
37. 《戴笠致萧勃电》1944 年 11 月 29 日，台北，"国史馆"藏，戴笠史料，144－010101－0002－015。
38. 《戴笠致蒋介石电》1945 年 8 月 17 日，台北，"国史馆"藏，戴笠史料，144－010105－0004－025。
39. 《戴笠呈蒋中正美国海军助华草案已由美海军部呈杜鲁门提请国会通过》1945 年 12 月 31 日，台北，"国史馆"藏，蒋中正文物档案，002－020400－00044－039。
40. 《方声涛函蒋中正海军代表陈可潜王允恭诣辕请示并托代报接洽经过》1926 年 12 月 6 日，台北，"国史馆"藏，蒋中正文物档案，002－020100－

00011－008。

41.《桂永清呈蒋中正接收美方各式登陆艇十七艘及使用情形》1946 年 9 月 30 日，台北，“国史馆”藏，蒋中正文物档案，002－020400－00026－118。

42.《桂永清呈蒋中正依租借法案及援华海军法案向美提出请求》1947 年 7 月 28 日，台北，“国史馆”藏，蒋中正文物档案，002－020400－00044－092。

43.《何应钦电蒋中正林知渊来泉接洽经过并请示海军与政府接洽情形》1926 年 11 月 25 日，台北，“国史馆”藏，蒋中正文物档案，002－020100－00011－006。

44.《何应钦电蒋中正闽海军军事上已与我军一致政治上待到福州始能明了》1926 年 12 月 7 日，台北，“国史馆”藏，蒋中正文物档案，002－020100－00011－009。

45.《何应钦呈蒋总司令江电》1927 年 2 月 3 日，见《革命文献——海军来归目录、概述》，台北，“国史馆”藏，蒋中正文物档案，002－020100－00011－000。

46.《海圻海琛全体官兵致蒋介石马午电》1935 年 6 月 21 日，台北，“国史馆”，蒋中正文物档案，002/080200/00232/008。

47.《军政部海军处还都官佐名册》1946 年 4 月 18 日，《军政部海军处复员还都案》，台北，“档案管理局”藏，“国军”档案，34－381.1－3750。

48.《李参谋总长济深呈蒋总司令径电》1926 年 8 月 25 日，台北，“国史馆”藏，蒋中正文物档案，002－020100－00011－001。

49.《李济深电蒋中正海军统一事请予便利代表暂不离沪委杨树庄等职务》1926 年 12 月 18 日，台北，“国史馆”藏，蒋中正文物档案，002－020100－00011－013。

50.《李济深电蒋中正海军决拥护政府惟现需款甚急恳令饬从宽维系》1926 年 12 月 24 日，台北，“国史馆”藏，蒋中正文物档案，002－020100－00011－015。

51.《李济深电蒋中正闽沪海军诚心附我能设法统一归诚请畀杨树庄全权》1926 年 12 月 28 日，台北，“国史馆”藏，蒋中正文物档案，002－020100－00011－017。

52.《李尚铭致杨永泰巧电》1935 年 6 月 18 日，台北，“国史馆”，蒋中正文物档案,002/080200/00231/004。
53.《蒋伯诚陈其尤致蒋介石电》1935 年 6 月 18 日,台北,“国史馆”,蒋中正文物档案,002/080200/00231/080。
54.《蒋伯诚致蒋介石个电》1935 年 6 月 21 日,台北,“国史馆”,蒋中正文物档案,002/080200/00232/006。
55.《蒋介石致唐静海电》1935 年 6 月 19 日,台北,“国史馆”,蒋中正文物档案,002/080200/00231/095。
56.《蒋介石致蒋鼎文电》1935 年 6 月 21 日,台北,“国史馆”,蒋中正文物档案,002/080200/00231/096。
57.《蒋介石致陈绍宽漾未秘蓉电》1935 年 6 月 23 日,台北,“国史馆”,蒋中正文物档案,002/080200/00232/008。
58.《蒋介石致蒋伯诚电》1935 年 6 月 23 日,台北,“国史馆”,蒋中正文物档案,002/080200/00232/006。
59.《蒋介石致陈绍宽梗亥电》1935 年 6 月 23 日,台北,“国史馆”,蒋中正文物档案,002/080200/00232/007。
60.《蒋介石陈绍宽有酉电》1935 年 6 月 25 日,台北,“国史馆”,蒋中正文物档案,002/080200/00232/107。
61.《蒋介石致唐静海有酉电》1935 年 6 月 25 日,台北,“国史馆”,蒋中正文物档案,002/080200/00232/107。
62.《蒋介石致朱培德宥申电》1935 年 6 月 26 日,台北,“国史馆”,蒋中正文物档案,002/080200/00232/109。
63.《蒋介石致陈策电》1935 年 6 月 28 日,台北,“国史馆”,蒋中正文物档案,002/080200/00233/093。
64.《蒋介石致何应钦等电》1948 年 7 月 16 日,台北,“国史馆”藏,蒋中正文物档案,002－010400－00039－032。
65.《蒋介石致朱培德电》1935 年 7 月 18 日,台北,“国史馆”,蒋中正文物档案,002/080200/00238/094。
66.《蒋介石致陈绍宽电》1935 年 8 月 1 日,台北,“国史馆”,蒋中正文物档案,002/080200/00240/030。
67.《蒋中正电张人杰等对海军应速加入国府委杨树庄为委员等项有所指示》

1926 年 12 月 10 日，台北，“国史馆”藏，蒋中正文物档案，002 - 020100 - 00011 - 010。

68.《蒋中正电何应钦海军加入政府必可发饷如允我运输至宁波可交其十万》1926 年 12 月 27 日，台北，“国史馆”藏，蒋中正文物档案，002 - 020100 - 00011 - 016。

69.《蒋中正电钮永建陈其采海军如已宣布则发其月饷催杨树庄舰队集中九江》1927 年 2 月 27 日，台北，“国史馆”藏，蒋中正文物档案，002 - 020100 - 00011 - 022。

70.《蒋总司令致方声涛转杨树庄铣电》1927 年 3 月 16 日，见《革命文献—海军来归目录、概述》，台北，“国史馆”藏，蒋中正文物档案，002 - 020100 - 00011 - 000。

71.《蒋中正电杨树庄三楚舰队已到浔将由我军指挥及恭贺就职并已由陈其采负责拨发饷项》，1927 年 3 月 16 日，台北，“国史馆”藏，蒋中正文物档案，002 - 090101 - 00002 - 200。

72.《蒋中正电令撤销海军总部其业务由军政部海军处接收》1945 年 12 月 28 日，台北，“国史馆”藏，蒋中正文物档案，002 - 010300 - 00057 - 081。

73.《蒋中正电宋子文应即着手建设中国海军美海军考察团考察后再定建议》(1945 年 8 月 22 日)，台北，“国史馆”藏，蒋中正文物档案，002 - 0020300 - 00032 - 103。

74.《蒋中正接见柯克会谈记录：美国协助中国建设海军》1946 年 2 月 3 日，台北，“国史馆”藏，蒋中正文物档案，002 - 020400 - 00044 - 043。

75.《蒋中正电宋子文向美国海军部提议并与商战后海军助华法案》1945 年 8 月 25 日，台北，“国史馆”藏，蒋中正文物档案，002 - 020300 - 00032 - 107。

76.《蒋中正接见柯克会谈记录：美国协助中国建设海军》1946 年 2 月 3 日，台北，“国史馆”藏，蒋中正文物档案，002 - 020400 - 00044 - 043。

77.《商震致蒋介石报告》1946 年 1 月 3 日，台北，“国史馆”藏，蒋中正文物档案，002 - 020400 - 00044 - 039。

78.《宋子文电蒋中正访海长及金氏谈话经过及美国明拨交租借法案舰艇八艘》1945 年 8 月 27 日，台北，“国史馆”藏，蒋中正文物档案，002 -

020300 - 00032 - 109。

79.《谭延闿张人杰电蒋中正海军杨树庄允全部来归及所许条件并请调一团入福协助》1926 年 11 月 21 日，台北，“国史馆”藏，蒋中正文物档案，002 - 090101 - 00001 - 092。

80.《唐静海等致蒋介石马戌电》1935 年 6 月 21 日，台北，“国史馆”，蒋中正文物档案，002/080200/00232/007。

81.《唐静海等致蒋介石养巳电》1935 年 6 月 22 日，台北，“国史馆”，蒋中正文物档案，002/080200/00232/083。

82.《唐静海致蒋介石有申电》1935 年 6 月 25 日，台北，“国史馆”，蒋中正文物档案，002/080200/00233/086。

83.《唐静海致蒋介石感未电》1935 年 6 月 26 日，台北，“国史馆”，蒋中正文物档案，002/080200/00233/104。

84.《唐静海张凤仁致蒋介石感未电》1935 年 6 月 27 日，台北，“国史馆”，蒋中正文物档案，002/080200/00233/104。

85.《唐静海等致蒋介石电》1935 年 7 月 21 日，台北，“国史馆”，蒋中正文物档案，002/080200/00240/118。

86.《唐静海等致蒋介石电》1935 年 7 月 25 日，台北，“国史馆”，蒋中正文物档案，002/080200/00240/112。

87.《唐静海等致蒋介石电》1935 年 7 月 27 日，台北，“国史馆”，蒋中正文物档案，002/080200/00463/002。

88.《汪精卫致蒋介石敬辰电》1935 年 6 月 24 日，台北，“国史馆”，蒋中正文物档案，002/080200/00232/100。

89.《汪精卫致蒋介石宥申电》1935 年 6 月 26 日，台北，“国史馆”，蒋中正文物档案，002/080200/00233/073。

90.《汪精卫致蒋介石俭电》1935 年 6 月 28 日，台北，“国史馆”，蒋中正文物档案，002/080200/00234/019。

91.《512 号法案》译件，《美国转让海军船舰案；中美合约草案》，台北，“档案管理局”藏，档案，36 - 472.3 - 0006。

92.《俞飞鹏电询蒋中正海军每月经费应在何处领取》，1927 年 4 月 27 日，台北，“国史馆”藏，蒋中正文物档案，002 - 080200 - 00022 - 045。

93.《朱培德等电蒋中正文电日报表》1935年2月13日，台北，“国史馆”，蒋中正文物档案，002/080200/00461/064。
94.《朱培德致蒋介石皓寅电》1935年6月19日，台北，“国史馆”，蒋中正文物档案，002/080200/00231/061。
95.《朱培德致蒋介石敬午电》1935年6月24日，台北，“国史馆”，蒋中正文物档案，002/080200/00232/109。
96.《朱培德致蒋介石宥巳电》1935年6月26日，台北，“国史馆”，蒋中正文物档案，002/080200/00233/036。
97.《朱培德致蒋介石俭申电》1935年6月28日，台北，“国史馆”，蒋中正文物档案，002/080200/00234/021。
98.《朱培德致蒋介石宥午电》1935年7月26日，台北，“国史馆”，蒋中正文物档案，002/080200/00240/034。
99.《朱培德等电蒋中正文电日报表》1935年8月6日，台北，“国史馆”，蒋中正文物档案，002/080200/00456/179。
100.《周宪章呈蒋中正海军建设计划报告书》1946年4月30日，台北，“国史馆”藏，蒋中正文物档案，002-080102-00084-008。

二、外文档案文献

1.『臼田中佑電報』(1935年6月24日)，外務省記録 A-6-1-3-1_1_006，日本外務省外交史料館藏。
2.『機密公第295號』(1935年7月6日)，外務省記録 A-6-1-3-1_1_006，日本外務省外交史料館藏。
3. Alexander Cadogan to Sir S. Hoare, Peking, 25th June 1935, Documents on British Policy Overseas(DBPO), F5110/427/10. http://dbpo.chadwyck.co.uk/home.do.
4. Alexander Cadogan to Herbert Phillips, 18th June, 1935, London, The National Archives, Foreign Office Files, China: 1949 - 1980, 371/19236/ F3966.
5. Alexander Cadogan to Hong Kong, 19th June, 1935, London, The National Archives, Foreign Office Files, China: 1949 - 1980, 371/

19236/F3993.

6. Alexander Cadogan to Hong Kong, 19th June, 1935, London, The National Archives, Foreign Office Files, China: 1949 – 1980, 371/19236/F4007.
7. Alexander Cadogan to Hongkong, 25st June, 1935, London, The National Archives, Foreign Office Files, China: 1949 – 1980, 371/19236/F4111.
8. Comodore Hong Kong to C. in C. China, 26st June, 1935, London, The National Archives, Foreign Office Files, China: 1949 – 1980, 371/19236/F4135.
9. Comodore Hong Kong to C. in C. China, 22nd June, 1935, London, The National Archives, Foreign Office Files, China: 1949 – 1980, 371/19236/F4063.
10. Herbert Phillips to Alexander Cadogan, 17th June, 1935, London, The National Archives, Foreign Office Files, China: 1949 – 1980, 371/19236/F3963.
11. Herbert Phillips to Alexander Cadogan, 28th June, 1935, London, The National Archives, Foreign Office Files, China: 1949 – 1980, 371/19236/F5062.
12. Herbert Phillips to Alexander Cadogan, 19th June, 1935, London, The National Archives, Foreign Office Files, China: 1949 – 1980, 371/19236/F3998.
13. Hong Kong to Alexander Cadogan, 21st June, 1935, London, The National Archives, Foreign Office Files, China: 1949 – 1980, 371/19236/F4060.
14. Hong Kong to Alexander Cadogan, 25st June, 1935, London, The National Archives, Foreign Office Files, China: 1949 – 1980, 371/19236/F4129.
15. Hong Kong to Alexander Cadogan, 25st June, 1935, London, The National Archives, Foreign Office Files, China: 1949 – 1980, 371/

19236/F4166.

16. Kong to Colonies, 19th June, 1935, London, The National Archives, Foreign Office Files, China: 1949 - 1980,371/19236/F4007, p. 65.
17. Mission to Alexander Cadogan (Peking), 1st July, 1935, London, The National Archives, Foreign Office Files, China: 1949 - 1980, 371/19236/F4240.
18. The incident of the rebel cruisers from canton, 18th August, 1935, London, The National Archives, Foreign Office Files, China: 1949 - 1980,371/19236/F7052.

三、档案资料汇编

1.《陈诚先生日记》,(台北)"国史馆"、"中研院"近代史研究所 2015 年版。
2. 高晓星编:《陈绍宽文集》,海潮出版社 1994 年版。
3. 姜鸣:《中国近代海军史事编年(1860—1911)》,生活·读书·新知三联书店 2017 年版。
4. 吕芳上主编:《蒋中正先生年谱长编》,(台北)"国史馆"2014 年版。
5. 刘传标编:《近代中国海军大事编年》(三卷本),海风出版社 2008 年版。
6. 刘传标编:《中国近代海军职官表》,福建人民出版社 2004 年版。
7. 刘怡:《中华民国海军舰船名录》,内蒙古人民出版社 2011 年版。
8. 马骏杰、吴峰敏、张小龙:《民国报刊载海军史料汇编》,山东画报出版社 2020 年版。
9. 秦孝仪主编:《中华民国档案史料汇编——对日抗战时期》,(台北)"中央"文物供应社 1981 年版。
10. 秦孝仪主编:《蒋公大事长编初稿》,(台北)中国国民党党史委员会 1978 年刊行。
11.《蒋中正档案:事略稿本》(1927—1949),1—82 卷,(台北)"国史馆",2003—2013 年。
12.《蒋介石日记》,斯坦福大学胡佛研究所档案馆藏。
13. 苏小东编著:《中华民国海军史事日志》,九州图书出版社 1999 年版。
14. 文闻编:《旧中国海军秘档》,中国文史出版社 2006 年版。

15. 杨志本等编:《中华民国海军史料》,海军出版社 1987 年版。
16. 殷梦霞、李强编:《国家图书馆藏民国军事档案文献初编》(十二卷),国家图书馆出版社 2009 年版。
17. 张宝仓、陈书麟著:《海军史料研究》(第 1 辑),爱国海军史研究会 1986 年印。
18. 张侠等编:《清末海军史料》,海军出版社 1982 年版。
19. 中国第二历史档案馆编:《蒋介石年谱初稿》,档案出版社 1992 年版。
20. 中国第二历史档案馆编:《中华民国史档案资料汇编》(四十册),江苏古籍出版社 1991 年版。
21. 中国国民党党史史料编纂委员会编:《革命文献》,(台北)"中央"文物供应社 1954 年 12 月刊行。
22. 中国国民党中央委员会党史委员会:《蒋公思想言论总集》,(台北)"中央"文物供应社 1984 年刊行。
23. 中国第二历史档案馆编:《抗日战争正面战场》,江苏古籍出版社 1987 年版。
24. 中国第二历史档案馆编:《中华民国史档案资料汇编》,江苏古籍出版社 1991 年版。
25. 中国人民解放军海军司令部研究委员会编:《中国近代海军史参考资料》(第 1 辑)1960 年版。
26. 中国人民解放军历史资料丛书编审委员会编:《海军回忆史料》,解放军出版社 1999 年版。

四、报纸、刊物

1.《大公报》(天津、重庆)
2.《海军杂志》(又名《海军期刊》
3.《民国日报》(上海、广州、汉口)
4.《申报》(上海、汉口)
5.《新闻报》
6.《真光》
7.《中央日报》(南京、重庆)

五、专著

1. 包遵彭著：《清季海军教育史》，(台北)“研究院”1969 年刊行。
2. 包遵彭著：《中国海军史》(上、下册)，(台北)中华丛书编审委员会 1970 年刊行。
3. 步平、王建朗主编：《中国抗日战争史》(1—8 卷)，社会科学文献出版社 2019 年版。
4. 陈庆拥、盖玉彪、唐宏主编：《中国海军史》，海潮出版社 1995 年版。
5. 陈书麟、陈贞寿著：《中华民国海军通史》，海潮出版社 1993 年版。
6. 陈书麟编著：《陈绍宽与近代中国海军》，海洋出版社 1989 年版。
7. 冯青著：《中国近代海军与日本》，吉林大学出版社 2008 年版。
8. 秦天、霍小勇主编：《中华海权史论》，国防大学出版社 2000 年版。
9. 高晓星、时平编：《民国海军的兴衰》，《江苏文史资料》第 32 辑，中国文史出版社 1989 年版。
10. 管力吾编：《海军官校四十年》，(台北)海军军官学校，1987 年版。
11. 海军史编委会编：《海军史》，解放军出版社 1989 年版。
12. 海军司令部编：《近代中国海军》，海潮出版社 1994 年版。
13. 韩祥麟著：《海军传统与历史》，(台北)艺騋图书出版社 2003 年版。
14. 胡立人、王振华主编：《中国近代海军史》，大连出版社 1990 年版。
15. 李宗庆主编：《福建船政学校校志：1866—1996》，鹭江出版社 1996 年版。
16. 林庆元著：《福州船政局史稿》(增订本)，福建人民出版社 1999 年版。
17. 刘维开著：《编遣会议的实施与影响》，台北商务印书馆，1989 年版。
18. 戚厚杰著：《国民革命军沿革实录》，河北人民出版社 2001 年版。
19. 史滇生主编：《中国海军史概要》，海潮出版社 2006 年版。
20. 苏小东、唐戴著：《中国近代海军一百年》，解放军出版社 1992 年版。
21. 台北“海军总司令部”编：《海军舰队发展史》，台湾史政编译局 2001 年刊行。
22. 吴杰章编：《中国近代海军史》，解放军出版社 1989 年版。
23. 杨国宇主编：《当代中国海军》，中国社会科学出版社，1987 年版。
24. 张墨、程嘉禾著：《中国近代海军史略》，海军出版社，1989 年版。
25. 郑文兴编：《中华民国海军军官学校》，(台北)海军军官学校校刊社 1999

年版。
26. 张海鹏主编:《中国近代通史》(1—10卷),凤凰出版传媒集团2013年版。
27. 张宪文等著:《中华民国史》(1—4卷),南京大学出版社2012年版。

六、文集、访问纪录、文史资料等

1. 陈书麟编著:《陈绍宽与中国近代海军》,海洋出版社1989年版。
2. 福州市政协文史资料委员会编:《福州文史集粹》(上、下册),海潮摄影艺术出版社2006年版。
3. 高晓星编:《中国近代海军名将:陈绍宽文集》,海潮出版社1994年版。
4. 李跃乾编著:《民国军制》,中国大百科全书出版社2010年版。
5. 张力、吴守成访问,张力、曾金兰记录:《海军人物访问纪录》(第1辑),(台湾)"中研院"近代史研究所1998年刊行。
6. 中国人民政治协商会议马尾区委员会文史组编:《马尾文史资料》第1辑,1991年刊行。
7. 中国人民政治协商会议福建省委员会文史资料编辑室编:《福建文史资料》(选辑),第1辑,福建人民出版社1962年版。
8. 中国人民政治协商会议福建省委员会文史资料研究委员会编:《福建文史资料》第8辑:《海军史料专辑》,福建人民出版社1984年版。
9. 中国人民政治协商会议福建省福州市郊区委员会文史资料工作组编:《福州郊区文史资料:陈绍宽一生》,1986年刊行。
10. 中国人民政治协商会议辽宁省委员会文史资料研究委员会编:《辽宁文史资料》第4辑,辽宁人民出版社1964年版。

七、学术论文

1. 傅光中:《论国民革命军的党代表制度》,载陈谦平主编《中华民国史新论(政治·中外关系·人物卷)》,生活·读书·新知三联书店2003年,第19—33页。
2. 高晓星:《南京政府"统一"全国海军及其军事行动》,《军事历史研究》1993年第1期。
3. 高晓星:《评蒋介石的海防言论和行动》,《军事历史研究》1995年第4期。

4. 高晓星：《南京政府统一全国海军及其军事行动》,《军事历史研究》1993年第4期。

5. 高晓星：《中国海军对日抗战和受降述评》,《民国档案》1999年第1期。

6. 高熔：《闽系海军的形成和发展》,《闽都文化》2021年第1期。

7. 贺怀锴：《抗战时期长江流域国民政府海军敌后游击战》,《近代史研究》2020年第3期。

8. 贺怀锴：《符号与象征：晚清民国海军军旗研究》,《中国国家博物馆馆刊》2018年第5期。

9. 贺怀锴：《傀儡之军：汪伪政府海军述论(1940—1945)》《民国档案》2019年第1期。

10. 贺怀锴：《美英援助与战后国民政府海军重建》,《历史教学》(下半月刊),2018年第11期。

11. 贺怀锴：《海军易帜与北伐时局》,《中国海洋大学学报》2017年第6期。

12. 韩真：《二、三年代闽系海军对福建沿海地区的武力割据》,《党史研究与教学》1993年第3期。

13. 韩真：《陈绍宽与国民政府海军部》,《漳州师范学院学报》(哲学社会科学版)2002年第4期。

14. 韩真：《民国海军的派系及其形成》,《军事历史研究》1992年第1期。

15. 黄山松：《抗战期间民国海军的整合》,《中共浙江省委党校学报》2006年第6期。

16. 剑成、郭天：《抗战时期闽系海军发动的振兴运动与〈海军整建〉〈海军建设〉》,《党史资料与研究》1987年第3期。

17. 陆坤鹏：《从〈海军公报〉看南京国民政府时期的海军建设(1929—1937)》,东北财经大学硕士论文,2017年。

18. 李洪英：《近代海军群体研究》,吉林大学硕士论文,2009年。

19. 刘传标：《闽系海军的兴衰及功过》,《福建论坛》(人文社会科学版)1994年第4期。

20. 刘宏祥：《从闽系到嫡系：国民政府海军中领导势力的变化(1927—1945)》,《史汇》2005年第9期。

21. 马幼垣：《中国大陆的近代海军史研究》,《岭南学报》2006年9月第3期。

22. 马骏杰:《一·二八事变中的中国海军》,《抗日战争研究》2003 年第 1 期。
23. 茅海建、刘统:《50 年来的中国近代军事史研究》,《近代史研究》1999 年第 5 期。
24. 茅海建:《中华民国军制述略》,《历史教学》1986 年第 4 期。
25. 潘亮:《闽系海军兴衰录》,《炎黄纵横》2009 年第 10 期。
26. 沈谓滨、苏贻鸣:《中国近代军事史研究四十年》,《历史教学》1992 年第 1 期。
27. 苏小东:《抗日战争中中国海军的战略战术》,《抗日战争研究》1996 年第 1 期。
28. 苏小东:《一·二八淞沪抗战后的声讨海军风波》,《军事历史研究》2008 年第 3 期。
29. 苏小东、李钟超:《浅谈海军史研究与军事档案的利用》,《军事历史研究》2010 年增刊。
30. 王家俭:《近百年来中国海军的一页沧桑史:闽系海军的兴衰》,(台湾)《近代中国》2002 年 10 月 151 期,第 174—191 页。
31. 杨利文:《北伐前后国民革命军的党代表制度》,《民国档案》2007 年第 1 期。
32. 张力:《从"四海"到"一家":国民政府统一海军的再尝试,1937—1948》,(台湾)《"中研院"近代史研究所集刊》,1996 年总 26 期。
33. 张力:《航向中央:闽系海军的发展与蜕变》,(台北)《中国民国史专题论文集第五届讨论会》,"国史馆"2000 年印行。
34. 赵守仁:《民国时期东北海防舰队始末》,《辽宁师范大学学报》(社科版),1990 年第 3 期。
35. 仲华:《1931—1937 年间国民政府海军建设述论》,《南京政治学院学报》2004 年第 5 期。
36. 湛峰:《南京国民政府时期的海军留学生》,南京大学硕士论文,2011 年。

附录一 海军部组织法

海军部组织法[1]

（1930 年 2 月 4 日府令公布）

第一条　海军部直隶于国民政府行政院，管理全国海军行政事务。

第二条　海军部对于各地方最高行政长官执行本部主管事务，有指示监督之责。

第三条　海军部就主管事务，对于各地方最高级行政长官之命令或处分，认为有违背法令或逾越权限者，得请由行政院院长提经行政院会议议决后停止或撤销之。

第四条　海军部设下列各司处

总务司

军衡司

军务司

舰政司

军学司

军械司

海政司

经理处

第五条　总务司掌下列事项：

一、关于文件及机要事项。

二、关于典守印信事项。

① 《海军公报》，1930 年第 9 期，第 28—38 页。

三、关于战时征发物件表报告及统计事项。

四、关于公文函件之纂辑保存及收发事项。

五、关于部内军官部佐及文官任免事项。

六、关于部内风纪事项。

七、关于交际事项。

八、关于部内出纳事项。

九、关于部内庶务事项。

十、其他不属于各司处事项。

第六条 军衡司掌下列事项：

一、关于海军军官军佐及文官之进退任免事项。

二、关于调查海军各项人员事项。

三、关于考绩表兵籍战时名簿及文官名簿事项。

四、关于保管军官军佐文官及战时职员表事项。

五、关于编纂年格名簿事项。

六、关于海军礼节服制徽章事项。

七、关于海军军旗标帜事项。

八、关于褒赏及赡恤事项。

九、关于休假事项。

十、关于员兵退伍处置事项。

十一、关于海军军人结婚事项。

十二、关于军法审判及典狱事项。

十三、关于战时捕获审检事项。

第七条 军务司掌下列事项：

一、关于海军建制及编制事项。

二、关于戒严事项。

三、关于舰队配置事项。

四、关于校阅舰队操演事项。

五、关于战时各项规则事项。

六、关于各舰队军纪风纪事项。

七、关于审核海军医院医校及海军红十字会事项。

八、关于卫生人员之考绩事项。

九、关于卫生报告统计及卫生船员学术研究事项。

十、关于军港要港事项。

十一、关于海军运输事项。

十二、关于兵士征募补充事项。

第八条　舰政司掌下列事项：

一、关于稽核各舰艇制造改造修理事项。

二、关于审拟各舰艇、飞机、潜水艇制造计划及制造方法等图规事项。

三、关于各舰艇、飞机、潜水艇器具材料之支给交换事项。

四、关于稽核各舰艇之保存及废弃事项。

五、关于稽核造船厂坞所用器械物品之保存及废弃事项。

六、关于审订购置各舰艇及延聘造船人员等契约事项。

七、关于调查各舰艇修造购买之价目事项。

八、关于各舰艇并一切材料之试验及检查事项。

九、关于稽核造船所人员工程及成绩事项。

十、关于造船厂坞之建筑改筑及修理事项。

十一、关于废弃舰艇之变卖事项。

十二、关于查验舰艇之进水及试洋成绩报告事项。

十三、关于稽核各种机器电器之制造改造修理事项。

十四、关于审议各种机器之制造计划方法等图书事项。

十五、关于各舰艇局所应用机器，在电器之配备供给事项。

十六、关于调查机器电器修造购买之价目事项。

十七、关于各种机器电器及其材料之试验并检查事项。

十八、关于拟订造船之各种规则事项。

十九、关于拟订机器电器之各种规则事项。

第九条　军学司掌下列事项：

一、关于所辖各学校一切章程之制定及其筹办事项。

二、关于拟定所辖各学校教育纲领及计划，并审查各教科书事项。

三、关于所辖各学校职员奖罚事项。

四、关于所辖各学校学生奖罚及考试事项。

五、关于留外学员学生一切事项。

六、关于练习舰队并规定练习章程事项。

七、关于制定海军练营、水鱼雷营之训练管理等规则事项。

八、关于计划训练改良事项。

九、关于编辑及印刷事项。

十、关于教育人员之考绩事项。

十一、关于其他教育训练等一切事项。

第十条 军械司掌下列事项：

一、关于各舰艇营枪炮、水雷、鱼雷、火药、子弹及其他军用器械并一切附属品之供给配置事项。

二、关于陆上储存枪炮、水雷、鱼雷、火药、子弹及其他军用器械并一切附属品之保管整理事项。

三、关于制造购买枪炮、水雷、鱼雷、火药、子弹及其他军用器械并一切附属品之试验检查事项。

四、关于各舰艇营枪炮、水雷、鱼雷、火药、子弹及其他军用器械并一切附属品之调查统计事项。

五、关于海军台垒厂库等之建筑修理及管理事项。

六、关于各舰艇舱面杠具之册报稽核事项。

第十一条 海政司掌下列事项：

一、关于测绘江海各航路及军港要港事项。

二、关于调制颁布航路图志事项。

三、关于领海界线及军港开浚事项。

四、关于国际航行规则事项。

五、关于审查沿江、沿海灯塔灯杆浮桩等事项。

六、关于航海之保安及颁布航路警告等事项。

七、关于调制海口潮汐表事项。

八、关于设置电求向器与无线电求向器事项。

九、关于沿海巡缉捕获及救护海难事项。

十、关于海军引水人之监督及教练事项。

十一、关于观测海上气象事项。

第十二条　经理处掌下列事项：

一、关于军服之经理及检查事项。

二、关于军服粮煤等给与之规定事项。

三、关于平时战时粮煤之给与及战时粮煤之准备事宜。

四、关于饷项出纳及预算决算事项。

五、关于会计稽核事项。

六、关于海军军用事项。

七、关于规定俸给及旅费事项。

八、关于各种给与及军需规定之审查事项。

九、关于经理人员之考绩事项。

第十三条　海军部部长综理本部事务，统辖海军军人军属并指挥监督所属各机关。

第十四条　海军部政务次长、常务次长辅佐部长处理部务。

第十五条　海军部设参事二人至四人，撰拟审核关于本部之法案及命令。

第十六条　海军部设秘书六人，分任机要文件及编撰传译事项。副官六人，分任传宣命令机密差遣及一切交际事项。

第十七条　海军部设司长八人，分掌各司事务。

第十八条　海军部设技监一人，科长、科员、技正、技士、司副官、书记、译电员等职，分掌事务，其名额依附表所定。

第十九条　海军部因事务上之必要，得设立委员会，其委员由海军部部长就现任海军人员指派之。

第二十条　海军部各司之编制及海军系统依附表所定。

第二十一条　海军部部长特任，次长、参事、司长、技监、科长、上校秘书、上校副官、上校技正简任，中、少校秘书、副官、科员、技正、技士荐任，其余副官、科员、技士、书记、译电员及准尉司书委任。

第二十二条　海军部处务规程，以部令定之。

第二十三条　本法自公布日施行。

附海军系统表与编制表。

部长	常任次长	司（处）	长官	科	科长	科员			司书
部长上将一	常任次长中将一	军械司	司长少将一	司副官少校一		书记上尉一			司书准尉一
				兵器科	科长上校一	科员	中校一		司书准尉二
							少校二		
							上尉二		
				设备科	科长上校一	科员	中校一		司书准尉二
							少校二		
							上尉二		
				保管科	科长上校一	科员	上校一		司书准尉二
							少校二		
							中尉二		
				检验科	科长上校一	科员	中校一		司书准尉二
							少校二		
							上尉二		
		海政司	司长少将一	司副官少校一		书记上尉一			司书准尉一
				设计科	科长上校一	科员	中校一		司书准尉二
							少校二		
							上尉二		
				测绘科	科长上校一	科员	中校一		司书准尉二
							少校二		
							上尉二		
				警备科	科长上校一	科员	中校一		司书准尉二
							少校二		
							上尉二		
				海事科	科长上校一	科员	中校一		司书准尉二
							少校二		
							上尉二		
		技监少将一		技正上校二		技正中校二		技士少校二	技士上尉二
		经理处	处长少将一			书记	上尉一	副官	上中尉二
				总务科	科长上校一	科员	中校二	上尉二	司书准尉四
								中尉二	
							少校二	少尉一	
				会计科	科长上校一	科员	中校二	上尉五	司书准尉七
								中尉三	
							少校四	少尉一	
				稽查科	科长上校一	科员	中校二	上尉二	司书准尉六
								中尉二	
							少校二	少尉一	

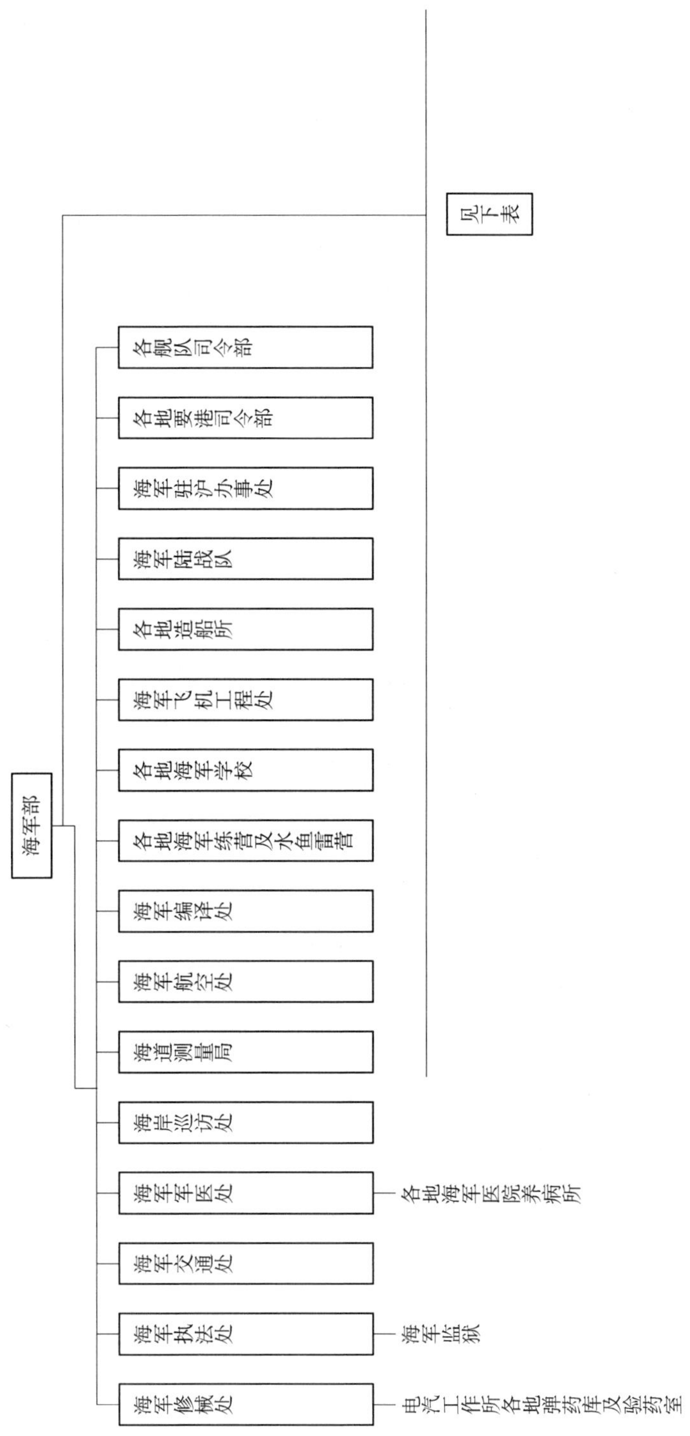
海军部
见下表
各舰队司令部
各地要港司令部
海军驻沪办事处
海军陆战队
各地造船所
海军飞机工程处
各地海军学校
各地海军练营及水鱼雷营
海军编译处
海军航空处
海道测量局
海岸巡访处
海军军医处
各地海军医院养病所
海军交通处
海军执法处
海军监狱
海军修械处
电汽工作所各地弹药库及验药室

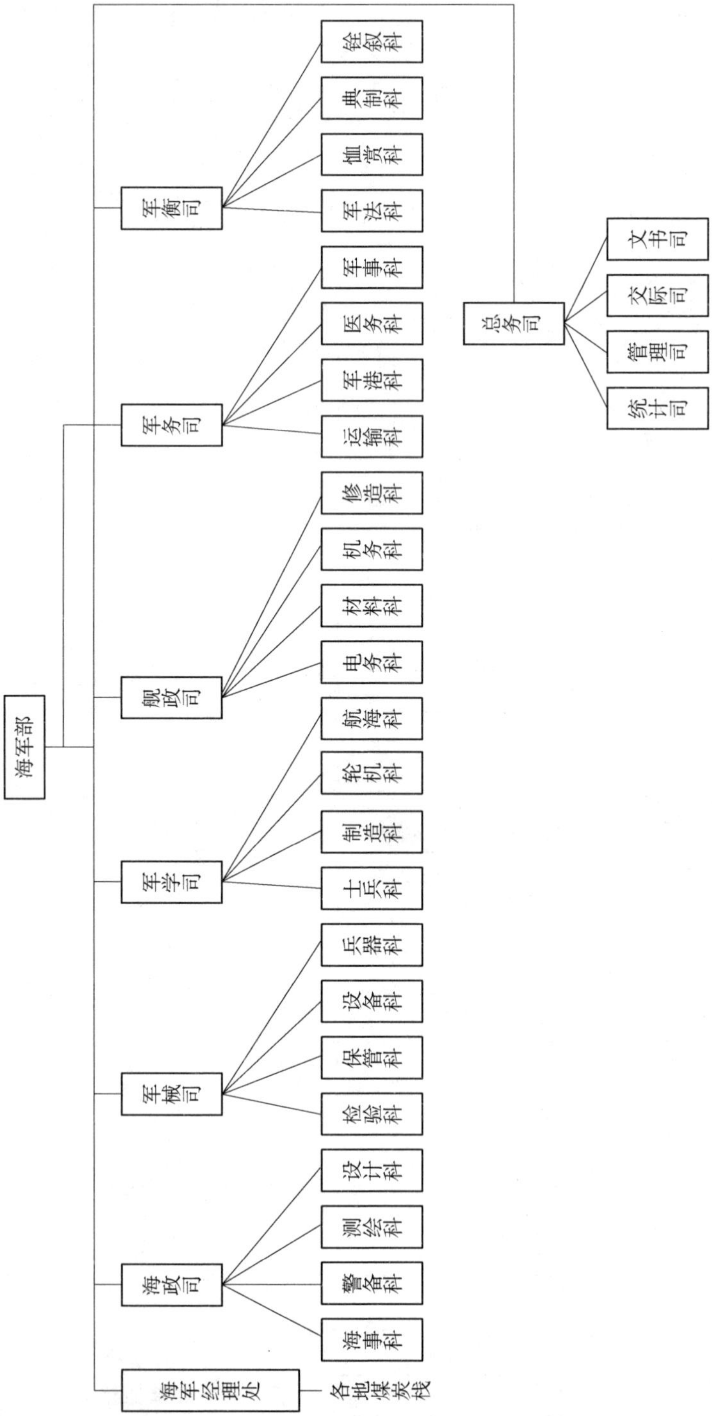

- 海军部
  - 总务司
    - 文书司
    - 交际司
    - 管理司
    - 统计司
  - 军衡司
    - 铨叙科
    - 典制科
    - 恤赏科
    - 军法科
  - 军务司
    - 军事科
    - 医务科
    - 军港科
    - 运输科
  - 舰政司
    - 修造科
    - 机务科
    - 材料科
    - 电务科
  - 军学司
    - 航海科
    - 轮机科
    - 制造科
    - 士兵科
  - 军械司
    - 兵器科
    - 设备科
    - 保管科
    - 检验科
  - 海政司
    - 设计科
    - 测绘科
    - 警备科
    - 海事科
  - 海军经理处
    - 各地煤炭栈

修正海军部组织法第十四条条文[①]

（1931 年 2 月 21 日府令公布）

第十四条　海军部政务次长、常务次长辅助部长处理部务。

海军部组织法[②]

（1935 年 6 月 29 日国民政府修正公布）

第一条　海军部直隶于国民政府行政院，管理全国海军行政事务。

第二条　海军部对于各地方最高行政长官，执行本部主管事务，有指示监督之责。

第三条　海军部就主管事务，对于各地方最高级行政长官之命令或处分，认为有违背法令或逾越权限者，得请由行政院院长提经行政院会议议决后，停止或撤销之。

第四条　海军部设下列各司处

总务司

军衡司

军务司

舰政司

军学司

军械司

海政司

军需司

第五条　总务司掌下列事项：

一、关于文件及机要事项。

二、关于典守印信事项。

---

① 《海军公报》1931 年第 21 期，第 135 页。

② 《海军公报》1935 年第 73 期，第 67—75 页。

三、关于战时征发物件表报告及统计事项。

四、关于公文、函件之纂辑、保存及收发事项。

五、关于部内军官、军佐及文官任免事项。

六、关于部内风纪事项。

七、关于交际事项。

八、关于部内出纳事项。

九、关于部内庶务事项。

十、其他不属于各司处事项。

第六条 军衡司掌下列事项：

一、关于海军军官、军佐及文官之进退任免事项。

二、关于调查海军各项人员事项。

三、关于考绩表兵籍战时名簿及文官名簿事项。

四、关于保管军官、军佐文官及战时职员表事项。

五、关于编纂年格名簿事项。

六、关于海军礼节、服制、徽章事项。

七、关于海军军旗标帜事项。

八、关于褒赏及赡恤事项。

九、关于休假事项。

十、关于员兵退伍处置事项。

十一、关于海军军人结婚事项。

十二、关于军法审判及典狱事项。

十三、关于战时捕获审检事项。

第七条 军务司掌下列事项：

一、关于海军建制及编制事项。

二、关于戒严事项。

三、关于舰队配置事项。

四、关于校阅舰队操演事项。

五、关于战时各项规则事项。

六、关于各舰队军纪、风纪事项。

七、关于审核海军医院、医校及海军红十字会事项。

八、关于卫生人员之考绩事项。

九、关于卫生报告统计及卫生船员学术研究事项。

十、关于军港、要港事项。

十一、关于海军运输事项。

十二、关于兵士征募补充事项。

第八条　舰政司掌下列事项：

一、关于稽核各舰艇制造、改造、修理事项。

二、关于审拟各舰艇、飞机、潜水艇制造计划及制造方法等图规事项。

三、关于各舰艇、飞机、潜水艇器具材料之支给、交换事项。

四、关于稽核各舰艇之保存及废弃事项。

五、关于稽核造船厂坞所用器械物品之保存及废弃事项。

六、关于审订购置各舰艇及延聘造船人员等契约事项。

七、关于调查各舰艇修造购买之价目事项。

八、关于各舰艇并一切材料之试验及检查事项。

九、关于稽核造船所人员工程及成绩事项。

十、关于造船厂坞之建筑、改筑及修理事项。

十一、关于废弃舰艇之变卖事项。

十二、关于查验舰艇之进水及试洋成绩报告事项。

十三、关于稽核各种机器、电器之制造、改造、修理事项。

十四、关于审议各种机器之制造、计划、方法等图书事项。

十五、关于各舰艇局所应用机器及电器之配备，供给事项。

十六、关于调查机器、电器修造、购买之价目事项。

十七、关于各种机器、电器及其材料之试验并检查事项。

十八、关于拟订造船之各种规则事项。

十九、关于拟订机器、电器之各种规则事项。

第九条　军学司掌下列事项：

一、关于所辖各学校一切章程之制定及其筹办事项。

二、关于拟定所辖各学校教育纲领及计划并审查各教科书事项。

三、关于所辖各学校职员奖罚事项。

四、关于所辖各学校学生奖罚及考试事项。

五、关于留外学员、学生一切事项。

六、关于练习舰队并规定练习章程事项。

七、关于制定海军练营、水鱼雷营之训练、管理等规则事项。

八、关于计划训练改良事项。

九、关于编辑及印刷事项。

十、关于教育人员之考绩事项。

十一、关于其他教育、训练等一切事项。

第十条 军械司掌下列事项：

一、关于各舰艇营枪炮、水雷、鱼雷、火药、子弹及其他军用器械并一切附属品之供给、配置事项。

二、关于陆上储存枪炮、水雷、鱼雷、火药、子弹及其他军用器械并一切附属品之保管、整理事项。

三、关于制造购买枪炮、水雷、鱼雷、火药、子弹及其他军用器械并一切附属品之试验、检查事项。

四、关于各舰艇营枪炮、水雷、鱼雷、火药、子弹及其他军用器械并一切附属品之调查、统计事项。

五、关于海军台垒、厂库等之建筑、修理及管理事项。

六、关于各舰艇舱面杠具之册报稽核事项。

第十一条 海政司掌下列事项：

一、关于测绘江海各航路及军港、要港事项。

二、关于调制颁布航路图志事项。

三、关于领海界线及军港开浚事项。

四、关于国际航行规则事项。

五、关于审查沿江、沿海灯塔、灯杆、浮桩等事项。

六、关于航海之保安及颁布航路警告等事项。

七、关于调制海口潮汐表事项。

八、关于设置电求向器与无线电求向器事项。

九、关于沿海巡缉、捕获及救护海难事项。

十、关于海军引水人之监督及教练事项。

十一、关于观测海上气象事项。

第十二条　军需司掌下列事项：

一、关于军服之经理及检查事项。

二、关于军服、粮、煤等给与之规定事项。

三、关于平时、战时粮煤之给与及战时粮煤之准备事宜。

四、关于饷项出纳及预算决算事项。

五、关于营膳事项。

六、关于会计、稽核事项。

七、关于海军军用事项。

八、关于规定俸给及旅费事项。

九、关于各种给与及军需规定之审查事项。

十、关于经理人员之考绩事项。

第十三条　海军部部长综理本部事务，统辖海军军人、军属，并指挥、监督所属各机关。

第十四条　海军部政务次长、常务次长辅佐部长，处理部务。

第十五条　海军部设参事二人至四人，撰拟、审核关于本部之法案及命令。

第十六条　海军部设秘书六人，分任机要文件及编撰、传译事项。副官六人，分任各司事务。

第十七条　海军部设司长八人，分掌各司事务。

第十八条　海军部设技监一人，科长、科员、技正、技士、司副官、书记、译电员等职，分掌事务，其名额依附表所定。

第十九条　海军部因事务上之必要，得设立委员会，其委员由海军部部长就现任海军人员指派之。

第二十条　海军部各司之编制及海军系统依附表所定。

第二十一条　海军部部长特任。次长、参事、司长、技监、科长、上校秘书、上校副官、上校技正简任。中少校秘书、副官、科员、技正、技士荐任，其余副官、科员、技士、书记、译电员及准尉司书委任。

第二十二条　海军部处务规程以部令定之。

第二十三条　本法自公布日施行。

修正海军部组织法第九条第七款及第十六条条文[1]

（1935年10月16日国民政府公布）

第九条第七款 七、关于制定海军练营、水鱼雷营之训练管理等规则事项。

第十六条 海军部设秘书六人，分任机要文件及编撰、传译事项。副官六人，分任传宣命令、机密差遣及一切交际事项。

---

① 《海军公报》1935年第77期，第33页。

附录二

《蒋中正档案·事略稿本》勘误一则

摘要：国民革命军东路军进驻福州期间，蒋介石曾致何应钦“养电”指示组建福建省政方略。对照现藏台北“国史馆”的“养电”原件，因该电无具体年月，《民国十五年以前之蒋介石先生》与《蒋中正档案·事略稿本》在编录时，围绕电文形成时间，出现分歧。综合各种史料，从“养电”内容可以考证：《事略稿本》将“养电”编录在 1927 年 1 月 22 日有误，“养电”的准确时间应为 1926 年 12 月 22 日。错误之原因，除电文本身无具体年月外，最重要的是编者对该书 1927 年 1 月 22 日所引电文与“养电”的关系存在误判。

关键词：事略稿本；蒋介石；史料勘误

1926 年 12 月，何应钦率领东路军进驻福州后，围绕组建福建最高机关——福建临时政治会议，蒋介石曾致何应钦“养电”指示组建福建省政方略。何应钦按照蒋介石“养电”指示组建的福建政府成为北伐以来继江西之后，蒋介石控制的第二个省政府。“养电”的史料价值不言而喻，然而笔者在使用《民国十五年以前之蒋介石先生》与《蒋中正档案·事略稿本》时，发现两者对于“养电”的形成时间出现分歧。

《民国十五年以前之蒋介石先生》记载为：

> (1926 年 12 月 22 日)电何应钦，政务处理妥后入浙。电曰：“福州何总指挥勋鉴：闻李协和、方韵松到闽，不知其举动如何？**政治临时组织，决照鄂、赣办法，设福建临时政治会议为最高机关，由中正以中央主席名义兼任，请兄代理。此外政务与财政两委员会，请兄酌定，财政委员会主任，以财政处长兼之，至委员则每会九人至十五人，皆由兄以中正名义委之。**(黑体为笔者所加，后同)兄须待政务处理妥后入浙。而闽为后方根据，惟军队可先向浙东移动，将来兄

或可搭船入浙，兄未入浙之先，拟由白参谋长健生，以东路军前敌指挥名义，入浙为临时指挥，惟请兄从速入浙也。各项处置，请兄电复。中正，养巳。”[①]

《蒋中正档案·事略稿本》1927年1月22日所载全文如下：

(1927年1月22日)电何应钦令处理闽事。略曰：闽**政治临时组织，决照鄂、赣办法，设福建临时政治会议为最高机关，由中正以中央主席名义兼任，请兄代理。此外政务与财政两委员会，请兄酌定，财政委员会主任，以财政处长兼之，至委员则每会九人至十五人，皆由兄以中正名义委之。**一方电告白总指挥：在何总指挥未到浙以前，凡前方战守，概请负责进行。又电贺师长、程军长整饬军纪。电贺，嘱格外注重连坐法，及新兵教育问答。电程，令在浔汉各日舰派宪兵四名，如有越轨行动之士兵，即依法严行拿办不贷云。[②]

对比两处记载可以发现，《民国十五年以前之蒋介石先生》抄录的是“养电”原文，蒋介石致何应钦“养电”中所谈的4件事：一、询李烈钧、方声涛到闽后之动向；二、令何应钦组建福建省政组织；三、指示政务处理妥善后入浙；四、说明何应钦入浙前先以白崇禧为临时指挥。毛思诚将此电文编入1926年12月22日条目下。

《蒋中正档案·事略稿本》1927年1月22日所载“政治临时组织，决照鄂、赣办法，设福建临时政治会议为最高机关，由中正以中央主席名义兼任，请兄代理。此外政务与财政两委员会，请兄酌定，财政委员会主任，以财政处长兼之，至委员则每会九人至十五人，皆由兄以中正名义委之”，为摘录电文内容，共93个字，与《民国十五年以前之蒋介石先生》所载“养电”之第二部分内容，即令何应钦组建福建省政组织事，完全一致，可以肯定是同一份电报。不同的是，《事略稿本》编者将此电文归为1927年1月22日条目下。

---

① 毛思诚编：《民国十五年以前之蒋介石先生》第八编：《北伐开始时期(七)》，第1333—1334页。
② 孙诒编：《蒋中正档案·事略稿本》(1)，(台北)“国史馆”2003年刊行，第28页。

既然是同一份电报，为何会出现时间偏差？实际上，这与“养电”原件本身有关。何应钦到底什么时间收到该电文？由于原件佚失，已无从查起。但中国台北国史馆保存有“养电”拟稿原件，拟稿原件编录在“蒋中正文物/特交文电/领袖事功/领袖指示”目下，其原文是：

何应钦——无线电转福州何总指挥勋鉴：高密。闻李协和、方韵松到闽，不知其举动如何？**政治临时组织，决照鄂、赣办法，设福建临时政治会议为最高机关，由中正以中央主席名义兼任，请兄代理。此外政务与财政两委员会，请兄酌定，财政委员会主任，以财政处长兼之，至委员则每会九人至十五人，皆由兄以中正名义委之。**兄须待政务处理妥后入浙，而闽为后方根据，惟军队可先向浙东移动，将来届时兄或可搭船入浙。兄未入浙之先，拟由白参谋长键生，以东路军前敌指挥名义，入浙为临时指挥，惟请兄从速入浙也。各项处置，请兄电复。中正，养巳。①

对照拟稿原件，《民国十五年以前之蒋介石先生》所录“养电”除缺少“何应钦——无线电转”与文中“届时”9个字外，其余完全一致。由此可以判断，《民国十五年以前之蒋介石先生》与《事略稿本》所载之史料均源于此。

问题恰恰在于，中国台北“国史馆”所藏拟稿原件仅有一页纸，所含时间信息仅为文末的“养巳”二字。查“电码韵目对照表”，“养”代表22日，故上述两书均将此电编在22日条下，但因电文原件无年月，才出现上述一月之差。

经过对比分析，笔者认为《事略稿本》所记时间有误，“养电”的形成时间应为1926年12月22日，而并非翌年1月。原因如下：

一、福建临时政治会议及政务、财政两委员会成立时间

（一）相关电文揭示蒋介石与何应钦决策组织福建省政内幕

《民国十五年以前之蒋介石先生》关于福建临时政治会议及政务、财政两委员会有3条记载：

① 《蒋中正电何应钦》，1926年12月22日，（台北）“国史馆”藏，蒋中正文物档案，典藏号：002-090106-00005-255。注：（台北）“国史馆”在数位化处理时，亦将此电时间认定为“1926年12月22日”。

(1926年12月20日)上午,电复李济深,福建应组织政务及财政两委员会。电曰:"广州李总参谋长勋鉴:巧电悉,福建临时政府,应照鄂、赣办法,组织政务及财政委员会,海军已派王允恭往闽,全权接洽。中正,号寅印。

电复何应钦,福建暂设临时政治会议。电曰:"福州何总指挥勋鉴:删酉函电悉,福建省政府,须待三月后,全省平定,方可组织。现应照鄂、赣式,组织政务及财政委员会,而以临时政治会议为最高机关,凡军、民、财三政,均须由该会议施行,请兄为该会代理主席。兄入浙时,请派一相当之人代理可也。中正,号寅印。"①

(1926年12月23日)电复何应钦,准如所拟办理。电曰:"福州何总指挥勋鉴:马电悉,所称拟设政、财两委员会,及政治分会,并所拟任之委员及主任事,应予照准"②。

以上3份电文呈现的是蒋介石与何应钦决策组织福建省政之经过,即1926年12月20日,蒋介石电令何应钦组织福建政务、财政两委员及政治分会,并报呈政府,何应钦于21日(马电)迅速将拟任委员等电呈蒋介石,23日,蒋介石接到何应钦"马电"后即电复何应钦,准如所拟办理。

如果按照22日蒋介石指示何应钦组织福建省政的具体办法之"养电"于上述经过之中,在逻辑上完全是合理的。

(二)主流媒体报道福建省政成立之经过

当时国内三大主流媒体《申报》、天津《大公报》和《民国日报》对此均有报道。

第一,有关福建政务、财政两委员会成立时间。1926年12月27日《民国日报》以《闽省之临时政府》为题报道,率先公布了福建临时省政府政务、财务两委员会委员名单,称两会委员名单"敬(二十四)已发表"③。12月30日,《申报》透露两会委员"定二十五日在总指挥部大礼厅举行就职典礼"④,1927年1

① 毛思诚编:《民国十五年以前之蒋介石先生》第八编:《北伐开始时期(七)》,第1322页。

② 毛思诚编:《民国十五年以前之蒋介石先生》第八编:《北伐开始时期(七)》,第1336—1337页。

③《闽省之临时政府》,1926年12月27日《民国日报》。

④《闽省政府尚难顺利产生》,1926年12月30日《申报》。

月 10 日，天津《大公报》追踪报道所载“该各委员等均业于十二月二十五日在总指挥部宣告就职，廿六日开始办公”[①]，与《申报》报道互为印证。

第二，关于福建临时政治会议成立时间。按蒋介石“养电”指示，福建临时政治会议为最高机关。福建各方力量为获得一委员席位，暗中倾轧，致使委员名单“颇有增改”，1927 年 1 月 1 日，天津《大公报》发表一组 11 人名单，并称“先已呈请中央政府委员，一俟复电，即行开始组织”[②]。1 月 5 日，《申报》以《闽政治委员九人已发表》为题公布福建临时政治会议委员名单，称该名单“经总部核准，三日已发表”[③]。

从当时三大主流媒体的报道中，可以厘清：何应钦于 1926 年 12 月 24 日公布福建省政务、财务两委员会委员名单，25 日各委员宣告就职。因受各方压力，何应钦迟至 1927 年 1 月 3 日方发表福建临时政治会议委员名单。指示福建省政组织的“养电”应在 1926 年 12 月 24 日何应钦公布福建省政务、财务两委员会委员名单之前，加之“养”代表 22 日，因此，“养电”形成时间当在 1926 年 12 月 22 日。

二、何应钦致蒋介石答复“养电”时间

笔者在台北“国史馆”发现一份何应钦致蒋介石“宥电”，全文为：

> 南昌蒋总司令钧鉴：东密。协和、韵松真日到马尾，韵松来，欲掌握全闽政权。协和拟随军出发，以图发展，继因目的不达，现已消极，协和已于梗日，经福州、水口、延平回籍奔丧。韵松尚留此间，谨闻。职应钦叩。宥印。[④]

据电文内容，“宥电”显系何应钦专电向蒋介石报告李烈钧、方声涛到闽后之政治动向，是回应蒋介石“养电”的电报之一。中国台北“国史馆”所藏“宥电”原件含有明确时间信息——“宥（廿六）电，十五年十二月廿九日到”，

① 《闽政局改组就绪》，1927 年 1 月 10 日《大公报（天津）》。

② 《更张中之闽政局》，1927 年 1 月 1 日《大公报（天津）》。

③ 《闽政治委员九人已发表》，1927 年 1 月 5 日《申报》。

④ 《何应钦电蒋中正》1926 年 12 月 29 日，（台北）“国史馆”藏，蒋中正文物档案，002 - 090101 - 00005 - 089。

即此电为何应钦26日发送，蒋介石于1926年12月29日收到。值得一提的是，该电有蒋介石批示“阅”字，可以印证蒋介石批阅过此电。据此，可以反推出何应钦最迟于1926年12月26日收到“养电”。按照当时电报的传送速度和军事密电的翻译速度，“养电”的形成时间只可能是1926年12月22日。

当时媒体对李烈钧来闽及回籍奔丧亦有报道，如《申报》1926年12月14日报道“方声涛偕李烈钧十一日自沪抵马尾”[①]，1926年12月25日报道“李烈钧已行(二十四日上午九钟)”[②]，1927年1月9日，“李烈钧返武宁奔丧，昨已过南昌”[③]。《申报》相关报道可证，何应钦报告电文符合事实，李烈钧在1927年1月已离开福建。

三、白崇禧入浙时间

《事略稿本》对白崇禧入浙经过有详细记载，摘录如下：

> (1927年1月3日)“此间已有全盘统筹计划：由白前敌总指挥前来指挥入浙各部……白奉令乃于七日往浙指挥。”[④]
>
> (1927年1月7日)“白前敌总指挥崇禧今日率所部及第三军部队，由南昌誓师入浙。公及各军长送至渡头。”[⑤]
>
> (1927年1月10日)“电白参谋长崇禧等指示战略曰：‘前方战况如何？……’。”[⑥]

以上引记载表明，1927年1月3日蒋介石令白崇禧于1月7日前往浙江指挥各军，7日，蒋介石亲自为白崇禧饯行，至10日，白崇禧已到浙江前线。

既然1927年1月7日白崇禧已出发入浙指挥，蒋介石绝无可能在半个月之后的1月22日发电与何应钦说明“拟由白参谋长键生，以东路军前敌指挥

① 《方声涛李烈钧抵马尾》，1926年12月14日《申报》。

② 《福州会议尚无结果》，1926年12月25日《申报》。

③ 《粤湘政闻》，1927年1月9日《申报》。

④ 孙诒编：《蒋中正档案·事略稿本》(1)，(台北)“国史馆”2003年刊行，第9—10页。

⑤ 孙诒编：《蒋中正档案·事略稿本》(1)，(台北)“国史馆”2003年刊行，第13页。

⑥ 孙诒编：《蒋中正档案·事略稿本》(1)，(台北)“国史馆”2003年刊行，第14页。电文原件：《蒋中正电嘱白崇禧》，1927年1月22日，(台北)“国史馆”藏，蒋中正文物档案，002-010100-00005-050。

名义，入浙为临时指挥”，因此，从白崇禧入浙时间看，可以排除“养电”形成时间为1927年1月22日之说。

接下来的问题是，这则史料时间记录错误的原因是什么呢？笔者认为原因有两层：

其一，从时间上看，《民国十五年以前之蒋介石先生》记事止于1926年12月，《事略稿本》始于1927年1月，且两书编辑时间前后相隔较长，因此，《事略稿本》在搜集资料时，将形成于1926年12月份的史料纳入其中参考亦属可能。何应钦组建福建省政一事，跨越1926年12月至1927年1月，分见于两书，更重要的是1927年1月22日，何应钦尚在福州。“养电”内容涉及入浙及组建福建省政事，因无年月，《事略稿本》编者在编辑时，将此电文归为1927年1月。

其二，最终使编者误将“养电”93个字编入1927年1月22日条下之原因，还在于“养电”之“兄未入浙之先，拟由白参谋长键生，以东路军前敌指挥名义，入浙为临时指挥，惟请兄从速入浙也”，与该日蒋介石另电白崇禧之“一方电告白总指挥：在何总指挥未到浙以前，凡前方战守，概请负责进行”[①]，在文字上似乎有相互呼应之嫌，使编者误以为蒋介石在该日曾分电何、白指示入浙指挥问题，进而推断“养电”时间应为1927年1月22日。但在内容取舍上，编者显然认为“养电”中有关组建闽政治临时组织的93个字更为重要。

但是，“养电”中“拟由”二字表明，发电时蒋介石尚未正式任命白崇禧为“东路军前敌指挥”，白崇禧此时亦未入浙，而蒋介石致白崇禧电“凡前方战守”恰恰表明，发电时白崇禧正在浙江战场前线。可见，仅从字面上，将两电放在同一日，就存有逻辑上不通之处。

① 孙诒编：《蒋中正档案·事略稿本》(1)，(台北)“国史馆”2003年刊行，第28—29页。

后记

古希腊著名军事家狄米斯托克利曾言:“谁控制了海洋,谁就控制了一切。”近代以来,随着航海技术的不断进步,海洋与人类生存发展日益密切,海洋资源成为世界各国关注和争夺的焦点。维护海洋权益、建设海洋强国是国家的重要发展战略,围绕海洋安全、海洋权益、海军建设等相关议题的探讨也成为学术研究的热点。

近年来,随着近代海军档案资料的发掘、整理和出版,海军史研究呈现出良好的发展态势,笔者在接触大量海军档案史料之后,逐渐对闽系海军产生浓厚的研究兴趣。本书依据大量档案史料,主要围绕闽系海军发展的五大阶段:闽系海军的形成、北伐期间的抉择、统一海军的尝试、国民政府海军中央化的趋势、战后海军的重建,着重研究闽系海军在晚清政府、北洋政府、南京国民政府时期的生存状况、制约因素、发展脉络等,通过若干重要个案的研究,对闽系海军在拓展自身实力中的努力尝试、政权更替之际的政治抉择、军事政治权力博弈中的因应等相关问题进行探讨。

本书在写作过程中,获得 2019 年度江苏省“双创计划”双创博士(世界名校类)项目资助。特致以诚挚的谢意。

本书由程玉祥、李有福两人合作完成,其中李有福博士主要参与绪论、第二章部分内容的撰写,字数约为两万五千字。限于写作时间与作者水平,书中不免有舛误和不足之处,敬请同行专家及各位读者不吝赐教。

程玉祥　李有福

2021 年 8 月 18 日

图书在版编目(CIP)数据

闽系海军发展研究 / 程玉祥,李有福著 .—上海 ：上海社会科学院出版社，2024
ISBN 978-7-5520-4323-5

Ⅰ.①闽… Ⅱ.①程…②李… Ⅲ.①海军—军事史—中国—近代 Ⅳ.①E295

中国国家版本馆CIP数据核字(2024)第046134号

闽系海军发展研究

著　　者：程玉祥　李有福
责任编辑：张　晶
封面设计：黄婧昉
出版发行：上海社会科学院出版社
上海顺昌路622号　邮编200025
电话总机021-63315947　销售热线021-53063735
https://cbs.sass.org.cn　E-mail:sassp@sassp.cn
照　　排：南京前锦排版服务有限公司
印　　刷：上海颛辉印刷厂有限公司
开　　本：710毫米×1010毫米　1/16
印　　张：12
字　　数：195千
版　　次：2024年3月第1版　2024年3月第1次印刷

ISBN 978-7-5520-4323-5/E·039　定价：68.00元